社会人学生の本音

私たちの社会福祉士　相談援助実習

髙橋　昌子　編著

はじめに

「社会福祉士って誰のこと?」、「ソーシャルワーカーって何してるの?」という声が、聞こえてくることがある。以前からこうした声はあったが、今なお、それは解消されていないようでとても残念だ。しかし、現代社会のいろいろなところで、多くのソーシャルワーカーが活躍している。そこで、たくさんの輝く社会福祉士の活躍を一人でも多くの方に知っていただきたく、本書への取り組みを始めた。

1987年に「社会福祉士及び介護福祉士法」ができてから30年も時が過ぎたというのに、「社会福祉士」は多くの市民が知っている専門職ではないようである。それに比べて、同じ法律の介護福祉士は、年々、その必要性が叫ばれ、「介護離職ゼロ」という政策課題が取り上げられ、注目も高まっている。筆者を含め、社会福祉士の有資格者はそれぞれの専門分野で（筆者の場合は大学の教育現場で）さまざまな活動を通じて社会福祉士をアピールしてきた。しかしながら、いまだに社会福祉士像が一般の人々だけでなく、専門職を目指す人たち、あるいは、社会福祉を学ぶ学生たちにも明確にみえていないように感じるときがある。その理由の一つとして、社会福祉士の専門性が多様化していることが考えられる。社会福祉分野での「なんでも屋」な

ど と称されることもあるように現場での社会福祉士の役割は多種多様である。社会福祉士が活躍する現場、特に、社会福祉施設・機関では相談援助だけでなく、介護や経営等さまざまな業務に携わることが多い。幅広い役割によってますます多忙な社会福祉士は、業務の多様性に加え、専門分野の多様性も特徴として挙げられるであろう。そうしたなか、社会福祉士養成教育の現場では、新カリキュラム導入により、あらゆる社会福祉分野で活躍できる実践力のある人材育成が求められるようになった。

筆者は旧カリキュラムから社会福祉士の養成教育に携わってきたが、新カリキュラム移行期には、教育現場だけでなく、実習先である社会福祉現場でも大きな戸惑いや混乱が生じたのを鮮明に覚えている。通学生と通信生を擁する本学の実習指導教員として、実習先や実習指導者に対し、新カリキュラムについて何度も何度も説明の機会を設け、新カリキュラム対応の実習プログラム作成等新たな作業に日々取り組んだ。また、旧カリキュラムでは実習中の指導としては、教員が実習先を必ず一度は訪問する巡回指導のみであったのに対して、新カリキュラムでは毎週一回の対面指導が規定され、従来の実習巡回指導と共に週に一度は、養成校教員からの対面指導が加わった。本学では「帰校日」として毎週一回定められた曜日に実習生が教員の指導を受けることにより、実習の効果や学びはたしかに深まったと実感している。

こうした新カリキュラムの説明は本文に記すが、旧カリキュラムと新カリキュラムどちらであっても、社会福祉士を目指し、本実習に取り組む主役は実習生である。特に新カリキュラムでは前述の「帰校日」対応により実習期間は長くなり、連日の実習先への往復に加え、週一回の大学への帰校も必要になった。通信教育部の実習生にとっては、教育形態の特徴から、通信生の居住地に近い実習先が多い。通学生の場合は、通い慣れた大学への帰校日となるが、通信生の場合は、実習先は近隣でも、本学から遠方の実習生が多いことも特徴である。遠方であっても通学生同様、毎週一回は交通費と時間を使って本学にやってくることが義務付けられた。このような時間的、経済的な苦労を抱える通信生への指導を進める教員として、これほどまでに熱意をもって社会福祉士を目指す社会人実習生の姿に、感動すら覚えることがある。こんなにも一生懸命に実習に取り組む社会人実習生を、いつか多くの方に紹介したいという思いを募らせ、ようやくここに本書が完成した。すでに社会福祉の現場で活躍している卒業生も多く、社会への社会福祉士の知名度を高めてくれていると信じて疑わない。

卒業後も筆者を覚えていて下さり、原稿依頼を快諾して下さった卒業生である元相談援助実習生の皆さん、私の「社会人学生の本を出版する」という夢を叶えて下さり、ありがとうございました。後継者育成という私の夢がまた一つ叶ったことに感謝申し上げます。

目次

第1章　社会福祉士を目指す社会人実習生

1　ソーシャルワーカーとしての社会福祉士

まず、図1をみていただこう。この図は、新カリキュラムで新たに設けられた「社会福祉士実習指導者講習会」における指導内容の一部である。新たに設けられたということは、これまで実習受入施設や機関において、社会福祉士の実習指導に携わる職員はこうした専門的な講習会もなく、実習指導を担ってきたのである。また、実習生を受け入れる実習指導者についても、必ずしも社会福祉士の有資格者が担当していたわけでもなかった。たとえば、児童福祉分野であれば保育士が、高齢者福祉分野ならば介護職員が、医療分野では看護師が、他の分野でも施設長や管理職員等が、というように相談援助を専門職としていない職員が指導者となり社会福祉士の現場実習が進められてきた実習先もある。もちろん、旧カリキュラムから社会福祉士が実習指導者である実習先もあったが、新カリキュラムで確立されつつあるような社会福祉士に特化した「相談援助」を主とする実習内容であったかどうか定かではない。そのため、新カリキュラムで実習指導者としての要件に付された「社会福祉士実習指導者講習会（以下、本講習会）」の受講は、社会福祉士養成教育の質を高めるために重要な位置づけとなっている。だが、本講習会では大量の講義・演習内容が盛り込まれており、２日間とも朝から夕方まで長時間の学習時間となっているため、受講者にとっては、疲労と負担が重なる講習会ともいえよう。本講習会の概要は後述するとして、最初の科目である「実習指導概論」では、図1を含む講義が始まる。社会福祉士が国家資格として成立する際に、「社会福祉士はソーシャルワーカーである」と言明されたが、のちに国家資格となった精神保健福祉士もソーシャルワーカーである。その他にも、医療ソーシャルワーカーや相談員等をソーシャルワーカーと呼ぶこともある。よって、ソーシャルワーカー概念の方が社会福祉士概念よりもはるかに広いことを受講生である実習指導者は確認する。

　さらに実習指導者は、ソーシャルワーカーは幅広いソーシャルワーク活動を行う者、社会福祉士は規定された業務を行う者という2つのイメージをもち実習生に示すことと、養成校の実習指導教員もこの概念を相談援助演習等の授業の中で学生に示しながら指導していることの説明が続く。こうしてソーシャルワーカーの中に法的に国家資格をもつ専門職として社会福祉士が含まれることを再確認し、実習指導者はこれまでの経験と共に知識と技術を磨いてい

図1　ソーシャルワーカー概念と社会福祉士概念

ソーシャルワーカー概念と社会福祉士概念

・幅広くソーシャルワーク活動を行う者

・社会福祉士は法的に規定された業務を行う者

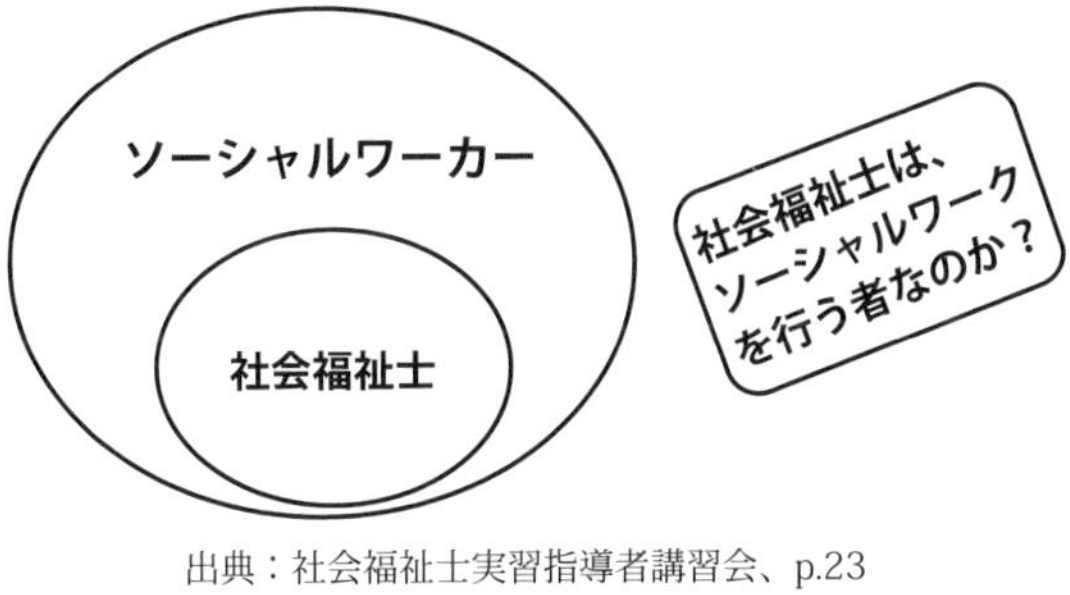

出典：社会福祉士実習指導者講習会、p.23

くのである。

さて、わが国では福祉分野における初めての国家資格として「社会福祉士」と「介護福祉士」が位置づけられた。社会福祉士は、１９８７（昭和62）年5月に国会で成立し、１９８８（昭和63）年4月に施行された「社会福祉士及び介護福祉士法」に基づく国家資格である。「社会福祉士の名称を用いて、専門的知識及び技術をもって、身体上若しくは精神上の障害があること又は環境上の理由により日常生活を営むのに支障がある者の福祉に関する相談に応じ、助言、指導、福祉サービスを提供する者又は医師その他の保健医療サービスを提供する者その他の関係者との連絡及び調整その他の援助を行うこと（第七条及び第四七条の2において「相談援助」という。）を業とする者」（同法第二条第1項）である。尚、下線部は、２００７（平成19）年の法改正によって新たに追加された部分である。そして、下線部で追加された部分があることからも、わが国の社会状況の変化により、社会福祉士の役割等も拡大しており、それは、養成教育にも変革をもたらした。

2　新しい社会福祉士養成教育

養成教育に変革をもたらした社会福祉士養成教育の新カリキュラムに対応するため、表2のように「社会福祉士に求められる役割と新たな教育カリキュラム」が「相談援助実習指導・現場実習教員テキスト」（第2版）に示されている[1]。

表2「社会福祉士に求められる役割と新たな教育カリキュラム」

1．社会福祉士制度の施行から現在に至るまでの間に、介護保険制度の施行等による措置制度から契約制度への転換など、社会福祉士を取り巻く状況は大きく変化しており、今後の社会福祉士に求められる役割としては、
①福祉課題を抱えた者からの相談に応じ、必要に応じてサービス利用を支援するなど、その解決を自ら支援する役割
②利用者がその有する能力に応じて、尊厳を持った自立生活を営むことができるよう、関係する様々な専門職や事業者、ボランティア等との連携を図り、自ら解決することのできない課題については当該担当者への橋渡しを行い、総合的かつ包括的に援助していく役割
③地域の福祉課題の把握や社会資源の調整・開発、ネットワークの形成を図るなど、地域福祉の増進に働きかける役割
等を適切に果たしていくことが求められている。
2．今後の社会福祉士の養成課程においては、これらの役割を国民の福祉ニーズに応じて適切に果たしていくことができるような知識及び技術が身に付けられるようにすることが求められており、具体的には、
①福祉課題を抱えた者からの相談への対応や、これを受けて総合的かつ包括的にサービスを提供することの必要性、その在り方等に係る専門的知識

②虐待防止、就労支援、権利擁護、孤独防止、生きがい創出、健康維持等に関わる関連サービスに関わる基礎的知識
③福祉課題を抱えた者からの相談に応じ、利用者の自立支援の観点から地域において適切なサービスの選択を支援する技術
④サービス提供者間のネットワークの形成を図る技術
⑤地域の福祉ニーズを把握し、不足するサービスの創出を働きかける技術
⑥専門職としての高い自覚と倫理の確立や利用者本位の立場に立った活動の実践等を実践的に教育していく必要がある。

3．以上を踏まえ、実践力の高い社会福祉士を養成する観点から以下のような視点で、教育カリキュラムの見直しを行うこととする。

【時間数】
○一般養成施設については、現行の1年以上という修業年限を前提としつつ、新たな分野の追加等により、1，200時間まで充実を図る。
○短期養成施設については、現行の6月以上という修業年限を前提としつつ、教育時間数は一般養成施設の教育カリキュラムの見直しを踏まえて、660時間まで充実を図る。

【教育カリキュラムの構成】
○教育カリキュラムの構成は、
①「人・社会・生活と福祉の理解に関する知識と方法」

②「総合的かつ包括的な相談援助の理念と方法に関する知識と技術」
③「地域福祉の基盤整備と開発に関する知識と技術」
④「サービスに関する知識」
⑤「実習・演習」
の科目群からなるものとする。
○なお、
・「人・社会・生活と福祉の理解に関する知識と方法」及び「総合的かつ包括的な相談援助の理念と方法に関する知識と技術」については、社会福祉士に求められる知識及び技術のうち、主に2の①、③、④及び⑥に対応するものとして、
・「地域福祉の基盤整備と開発に関する知識と技術」については、主に2の④及び⑤に対応するものとして、
・「サービスに関する知識」については、主に2の②に対応するものとして、
・「実習・演習」については、他の講義系科目との連動性にも配慮しつつ、2の①から⑥までの知識及び技術を実践的に習得するものとして、位置付け、それぞれ具体的に科目を設定する。

【教育内容（シラバス）】
○教育内容（シラバス）については、国家試験によって社会福祉士として必要な知識及び技能が評価されることを踏まえ、詳細な内容までは示さないこととし、それらについては、出題基準の中で網羅的に反映させる。

【大学等における指定科目・基礎科目】
○大学等における指定科目・基礎科目については、科目名が一致していれば足りることとされている現行の仕組みを基本的には維持するが、特に実習・演習に関して教育内容や時間数にばらつきがあるとの指摘があることを踏まえ、実習・演習の教育内容や時間数、教員要件等について養成施設と同等の基準を満たさなければならないこととする。
○また、指定科目・基礎科目の科目名について、現行と同様、一定の読替の範囲を設定する。

出典：「相談援助実習指導・現場実習教員テキスト第2版」p. 5～6

このように、変化する社会状況に合致した社会福祉士が求められており、社会福祉士養成教育においては新カリキュラムで大きく見直しがなされた実習と演習により、養成校と実習先、そして、実習生と利用者の四者の連携と合わせて、専門性の高い実践力を有する社会福祉士育成を目指し取り組んでいるのである。相談援助実習では、実習先となる社会福祉現場で将来の有望な後継者として実習生を熱心に指導し、養成校では学生たちが講義と演習で培った知識・技術・価値等の集大成として実習を有意義なものとして習得するための指導を行っている。さらに今日では、高齢者、児童、障害者、貧困等という狭義の福祉の範疇のみが社会福祉士の活躍の場ではなく、教育や就労分野、司法や警察、さらに一般企業やＮＰＯ等多様で幅広い現場での実践が求められているのである(2)。

3　期待される社会福祉士の役割

ますます多様で幅広い現場において実践応用力のある専門職として社会福祉士が活躍するのは、国家試験に合格し、社会福祉士の有資格者となってから始まることになるが、相談援助の専門職を育成する社会福祉士養成教育課程においても実践応用力のある社会福祉士育成が求められている。養成教育の場から実践力を有する社会福祉士育成が始まっているといえよう。では、社会福祉士が求められている多様で幅広い現場とはどのような領域なのだろうか。

まず、古典的活躍領域として、「国家公務員」（福祉政策の立案・実行）、「地方公務員行政職」（一般行政施策への福祉理念反映）、「地方公務員福祉職」（福祉事務所や児童相談所、地域包括支援センターの相談員）、「病院」（医療ソーシャルワーカー）、「福祉団体」（社会福祉協議会・事業団などにおける地域支援・相談員）、「福祉施設」（高齢・障害・児童などの入所・通所施設の相談員・ケアマネジャー）、「福祉事業者」（高齢・障害・児童などの在宅福祉サービス事業所の相談員・ケアマネジャー）等が挙げられる。

新たな活躍領域としては、「小・中・高等学校・大学」（スクールソーシャルワーカー）、「大学・専門学校等」（福祉研究者・教員）、「高校福祉科」（福祉教員）、「独立型社会福祉士事務所」（成年後見・第三者評価・福祉コンサルタント）、「刑務所・保護観察所」（出所者支援）、「ハローワーク」（就労支援）、

「法律事務所」（成年後見やADRなど）、「警察」（障害犯罪者や犯罪被害者支援）、「NPO」（ホームレス、自殺、難病、依存症、犯罪被害者、外国人、ニート、ひきこもり、療育・療法、等先駆的領域）、「一般企業」（交通・旅行、建設、食品、衛生、小売、マスコミなど多くの業種で福祉との接点が）、「福祉企業」（有料老人ホームなどのシルバービジネスおよび福祉医療機器開発販売など関連事業）等が「広がる社会福祉士の実践場面」として相談援助実習指導・現場実習　教員テキストに記されている(3)。

また、社会福祉士の任用・活用に関する見直しとしては、社会福祉士主事養成機関の課程を修了後、2年以上の実務経験を有し6月以上の社会福祉士養成課程を経た者に、社会福祉士国家試験の受験資格を付与する仕組みが新たに導入され（2009年4月1日施行）、身体障害者福祉司、知的障害者福祉司等の任用資格として、社会福祉士が位置づけられた（2007年12月5日施行）。また、社会福祉士の活用も拡大しており、例えば、厚生労働省は、2009年から各都道府県に地域生活定着支援センターを設け、刑務所出所後に必要な福祉サービスを受けることのできる体制の整備を進めており、このセンターの職員配置の一つに社会福祉士が規定されている。更生保護施設にも社会福祉士の配置が進められている。さらに、児童福祉施設最低基準の一部が改正され（2011年6月施行）、家庭支援専門員と児童指導員の資格要件の一つに社会福祉士が加えられ、児童自立支援施設の長と児童自立支援専門員と児童生活支援員の資格要件の一部であった「社会福祉士となる資格を有する者」が「社会福祉士の資格を有する者」に改められている[4]。このように、社会福祉士の任用の仕組みと活躍の機会はますます拡大しており、社会福祉士への期待も大きいといえる。

4　相談援助実習の概要

前述のように、社会福祉士の果たす役割が多様化する現代社会において、社会福祉現場の現状や実際の業務内容等は、相談援助実習に限らず、ケアワーク現場の見学や体験、あるいは作業の補助体験やボランティア体験等でも把握できる場合があるかもしれない。しかし、ますます複雑化し、深刻化していくニーズへの対応として、様々な社会問題やニーズを抱えた人々への対人援助に取り組む専門職である社会福祉士には、より専門的知識と技術、ならびに倫理や価値の修得が必要である。仲村は専門職の要件として次のような要件を挙げている。①科学的理論に基づく専門の技術の体系をもっていること、②一定の教育と訓練を受けていること、③一定の試験に合格して能力が実証されていること、④倫理綱領を守ること、⑤提供するサービスは公衆の福祉に資するものであること、⑥社会的に認知された専門職団体を組織していることの6つである[5]。業務独占でなく、名称独占として法制度的に規定されている専門職の社会福祉士にとって、②の「一定の教育と訓練を受けていること」の一つに相談援助実習が該当するであろう。六つの要件を満たすスタートラインとして、社会福祉士養成教育の重要な位置として確立されている相談援助実習は、これから社会福祉士としての活躍を目指そうとする学生にとって、実際の社会福祉現場を舞台として教育と訓練を受けることができる数少ない機会となっている。実習先である社会福祉現場と養成校の教育現場という2か所から専門的指導を受ける相談援助実習は、二重のスーパービジョンとしての重要性が強調される。学外の社会福祉現場における専門職からの直接指導は、関係職員のみならず実習先の利用者の方々の多大な協力によって成り立っており、限られた時間のなかでの貴重な経験である。もう一方の養成校における教育や指導もまた実習先と実習生、ならびに利用者との連携によって進められているのである。

それでは次に、貴重な機会として実習生が取り組む相談援助実習の概要を述べる。

社会福祉士養成課程における実習に関する科目は、「相談援助実習指導」および「相談援助実習」となっているが、「相談援助演習」については、「大学等において開講する社会福祉に関する科目の確認に係る指針について（平成20年３月28日19文科高第９１７号、・社援発第０３２８００３号）等の関係指針において「相談援助実習指導」および「相談援助実習」の教育内容および進捗状況を十分踏まえることとされていることからも実習にかかわる科目として位置づけることができよう(6)。しかし、ここでは「相談援助実習指導」と「相談援助実習」の２科目の概要を記すこととする。

まず、「相談援助実習指導」では、学生20人につき１人以上の教員（大学等指針に示すいずれかの要件を満たす教員）があたり、大学等指針のなかで示された相談援助実習指導に関する教育内容について、個別指導および集団指導を相談援助実習の前後に90時間以上行うこととされている。また、相談援助実習指導では、個人情報保護法の理解も含め実習における個人のプライバシーの保護と守秘義務等の理解について指導することとされている。この点からも、相談援助実習を実施する養成校においては、教員および実習生に対して、実習をとおして知り得た個人の秘密の保持について徹底を図る必要がある[7]。

実習担当教員が行う巡回指導については、少なくとも週1回以上の定期的巡回指導を行い、これが難しい場合は、実習期間中に少なくとも1回以上の巡回指導を行う場合に限り、実習受入施設・機関との十分な連携のもと、それ以外の定期的巡回指導に代えて、帰校日のように学生が養成校などにおいて学習する日を設定し、指導を行うことも差し支えないこととされている。その他にも、実習内容、実習指導体制および実習中のリスク管理等については実習受入施設・機関との間で十分に協議し確認を行うこと、相談援助実習を実施する際には健康診断等の方法により実習生が良好な健康状態にあることを確認したうえで配属させること、相談援助実習を効果的にすすめるため実習生用の「実習指導マニュアル」および「実習記録ノート」を作成し実習指導に活用すること、実習後においてはその実習内容についての達成度を評価し必要な個別指導を行うこと、実習の評価基準を明確にし、評価に際しては実習受入施設・機関の実習指導者の評定はもとより、実習生本人の自己評価についても考慮して行うことなどが定められている(8)。このように、実習先での配属実習だけでなく、実習前の事前指導、実習を終えてからの事後指導を含む長いプロセスが相談援助実習指導である。具体的な養成校での事前指導としては、実習の意義、目的、仕組み、実習生としての役割や心構え、実習指導と実習の進み方等を学び、実習に取り組む動機を高めていく。実習先が決定すると、実習先の理解を深めるための事前学習を進め、実習生独自の実習計画をたて、事前訪問や実習先オリエンテーション時に実習先と調整を図る。同時に、実習契約書、社会的マナー、実習記録や実習ノートを含めた記録への対応方法や技術、実習中のスーパービジョンの受け方、評価の方法等、実習を有意義に終えるよう必要な指導が続けられる。実習を終えてからも指導は続き、事後指導では実習生それぞれが実習先で学んだ個別体験から、どんな社会福祉の現場にも共通する要素へと一般化する「スペシフィックからジェネリック」への転換を行う。実習で感じた疑問や悩み等に対しても個別または集団で指導が行われる。実習で学んだ知識や技術、価値や倫理等を客観的に説明するためにも、実習報告会の実施と実習報告集の作成は実習の集大成として事後指導での重要な取り組みである。

次に「相談援助実習」についてであるが、まず、実習先の主たる指導者である実習指導者に関しては、社会福祉士の資格を取得した後に厚生労働大臣が定める社会福祉施設や相談機関等において、相談援助の業務に３年以上従事した経験を有する者であって、「社会福祉士実習指導者講習会」の課程を修了した実習指導者の指導を受けながら、大学等指針のなかで相談援助実習に関する教育内容について、180時間以上の実習を行うものとされている。一つの実習受入施設・機関において実習指導者一人につき実習生5人までとなっている。実習時間については、相談援助業務の一連の過程を網羅的かつ集中的に学習できるよう、一つの実習受入施設・機関において120時間以上の実習を行い、他の実習受入施設・機関において残りの60時間の実習を行うといった実習を実施することも可能な仕組みとなっている[(9)]。専門性を高める実習への転換は、実習内容にも反映されている。実習が開始されると、概ね1週目に「職場実習」、2週目「職種実習」、3週目以降に「ソーシャルワーク実習」という流れで進行するようになった。ソーシャルワークが発揮される場である「職場」や組織、ソーシャルワークを担う「職種」の関連業務を前提として学ぶことで、どのような文脈で「ソーシャルワーク」が実践されるか、より理解しやすくなると考えるからである。全ての実習先がこうした順序で実習が進むわけではないが、社会福祉士の実習として相談援助を主とする実習内容に大きく変わってきたのは事実である。「職場実習」で実習先の概要や全体像を理解し、「職種実習」で社会福祉士が職場のなかでどのような役割を担っているのかを理解し、いよいよ「ソーシャルワーク実習」で専門職としての社会福祉士業務を理解し、学びを深めていくのである。実習中は相談援助実習指導でも説明したように、実習指導者と実習指導教員から、実習指導やスーパービジョンを受ける実習生はその都度、悩みや困りごと、疑問や問題等についての指導を限られた時間ではあるが、毎週受けることができるようになっている。実習指導教員と学生、実習指導者と学生という二者間ではなく、三者の連携が強化され、その後の実習に活かされることとなる。

以上のように、実習生の主体的な取り組みと共に、実習指導者をはじめとする職員、実習担当教員、実習先での利用者の協力により成立する「相談援助実習」は、ソーシャルワークそのものである。

5　頑張る社会人実習生

これまで、新カリキュラムを中心に社会福祉士の養成教育について述べてきたが、養成教育の質を高めるために、実習指導者や実習担当教員に新たな要件が付され、指導内容もより専門的になってきたことは高く評価できる。しかし、そのためには指導する職員や教員の負担が増えるとともに、実習生にとっても本実習に費やす時間的な負担も増えているように思う。特に、通常、大学に通って指導を受ける通学生とは異なり、仕事や家庭をもちながら勉学に励む通信生にとっては、新カリキュラムによる時間的、経済的負担は大きいものがあろう。それは、通学生と通信生ともに相談援助実習を指導してきた筆者の目から見ても明らかである。毎日の対面授業が主の通学生に比べ、レポート学習とスクーリング学習という通信ならではの学習方法で勉学に取り組む通信生にとって、実習という形態は通学生となんら変りのない学習方法となっている。特に、24日以上の実習期間中、平日はほぼ毎日実習先である社会福祉の現場で指導を受け、毎週1回は養成校の教員から対面指導を受ける時間を確保しなければならない。そのため、実習を履修する前のオリエンテーション時には、実習生として家族や職場の理解と協力をしっかりと得ることを強調して指導を開始する。働いているからとか、家族の世話があるから等の理由で通信教育の実習生が優遇されることはまずない。特に、通信生の特徴として養成校から遠く離れた地域に住んでいる学生も多く、実習先が通信生の居住地の近く、よって養成校から遠方という場合もある。そうした通信生にとって、毎日の実習先への往復に加え、実習中少なくとも3、4回は養成校へ赴き教員からの対面指導を受けなければならない時間と交通費の確保は、大きな負担としてのしかかってくる。実際、筆者が指導した通信生のなかにも、格安航空券や長距離バスの回数券等を使って大学まで通う実習生が何人もいた。もちろん、帰校日指導の成果は顕著で、翌日からの実習に具体的な指導が活かされる、悩みや問題解決につながり順調な実習に軌道修正できる、実習生同士の楽しいコミュニケーションの場として活用される等、実習生にとっても効果的なシステムといえる。しかし、職場に有給休暇を申し出たり、シフトの調整に苦心したり、一時的に人間関係に支障が生じたり、実習の疲れが蓄積されたり、交通費の捻出に苦慮したり等、様々な問題を抱えて実習に取り組む通信生を目の当たりにしてきた。そして、社会人としてのマナーや知識に長けており、実習開始がスムーズであり、実習中の気づきが深い、職員や利用者との関係性が良好である等、実習先での高い評価を得ることも多いのが社会人実習生である。次の章では、将来の社会福祉士を目指して実習に取り組んだ社会人実習生の姿を、皆さんに知っていただきたい。

【引用文献】

(1)『相談援助実習指導・現場実習　教員テキスト』第２版　一般社団法人日本社会福祉士養成校協会　中央法規出版　２０１５年　p．５、６
(2)前掲(1)　p．23
(3)前掲(1)　p．24
(4)『社会福祉士実習指導者テキスト』第２版　公益社団法人日本社会福祉士会編集　中央法規出版　２０１４年　p．13
(5)『新　社会福祉援助の共通基盤　上』第２版　社団法人日本社会福祉士会編集　中央法規出版　２０１３年　p．３
(6)『社会福祉士相談援助実習』第２版　社団法人日本社会福祉士養成校協会監修　中央法規出版　２０１５年　p．11～13
(7)前掲(4)　p．19
(8)前掲(4)　p．20

(9) 前掲(4) p.20

【参考文献】

・「社会福祉士実習指導者講習会」当日配付資料
公益社団法人　日本社会福祉士会、２０１５年６月

第2章　通信生としての相談援助実習生の声

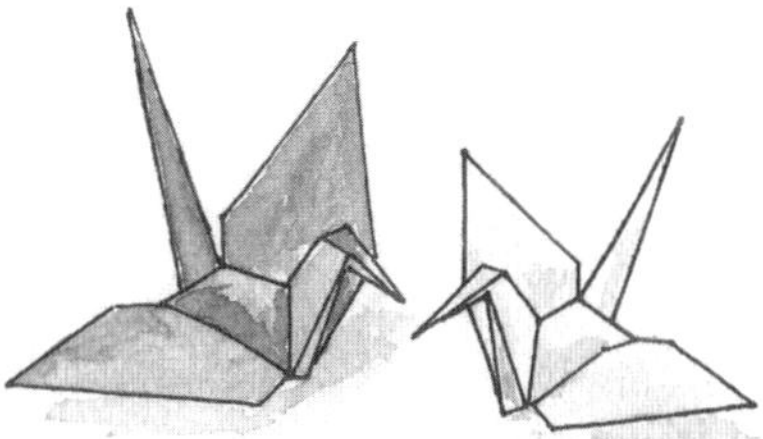

いよいよ本章で社会人実習生の本音をお届けする。匿名や職場の明記不可等、それぞれの卒業生の希望を優先し、最初に届いた原稿の主旨を損なうことなく、当時の記録に対する指導を思い出しながら添削を行った結果、全員の同意を得て本章が完成した。

尚、氏名のあとのカッコ内は２０１６年11月現在の職場である。

本章では語り尽くせないほどの思いを抱えながらも、それぞれの相談援助実習を終え、今、様々な現場で活躍する卒業生に大きな拍手を贈りたい。

1　地域包括支援センター、居宅介護支援事業所での実習生

◯魅力的な出会いに導かれて

富山　恭子（Ｋ病院医療福祉相談室）

はじめに

社会人になってから福祉の世界に入ったため、「なぜ、社会福祉士を目指したの？」と人から尋ねられることがよくあり、答えに詰まる。じっくりと振り返ってみると魅力的ないろいろな人たちとの出会いに導かれた結果なのだと思う。

約20年間務めた会社である食品メーカーに区切りをつけて、これからどうしようかと考えていた。家族や仕事にもいろいろ振り回されて、やや疲れていた。次の仕事は少し休憩してからはじめようと考えてはいたものの、漠然とこれから何をしようかと迷いも生じていた。そんなとき、福祉の仕事のことが目に留まった。私の周りにも福祉の仕事に携わっている人も多く仕事内容が話題にあがり興味をもっていた。ふと「人のために働き、喜びを分かち合い、楽しめるのではないか」と福祉のことを思い、インターネットや書籍を調べ始めた。

福祉の知識が全くなかったために、まず養成校に入学することにした。昼間でも夜間でも毎日通学して学ぶことは出来なかったので、通信制を考えることにした。

調べた結果、神戸親和女子大学をみつけることができた。自宅から負担なくスクーリングに通えるということが魅力的に思われて、神戸親和女子大学の通信制教育部で学ぶことにした。

福祉の知識が全くない状態での自宅での課題学習は、孤独で辛いものであったが、スクーリングでは、いろいろな経歴の人たちとの出会いがあった。通信教育の学生の多くは社会人として働いている、あるいは働いた経験がある人が多く、ケアマネジャーであったり、介護職であったりと福祉業界の知識が豊富で、実践的な視点をもたれている人が多かった。こうした大学での2年間は出会いだけではなく、学びや気づきもたくさん得ることができた。

課題学習のみならず、現場実習も大きな学びと出会いがあった。気づきもたくさんあった。40歳を過ぎてからの福祉の学びは、今、振り返ると人生初の自己決定であり、仕事と学業の両立の苦労の始まりであったが、大いなる達成感を感じることができた。

私の実習先は自宅から通える場所にある地域包括支援センターであった。ここでの実習はいろいろなことの学びと気づきの連続でスーパー・バイザーからや利用者の方々を通してたくさんの感動が得られたのと同時に、苦労もあった。

・本実習開始前に抱えていた問題

当時は夜間帯に仕事をしていたので、実習と仕事とを両立できるか不安であった。実習が始まれば実習記録もあり、毎日が体力的に厳しい状況に置かれるのではないかと、実習が始まるまで不安であった。また、課題学習の中での福祉しか知らない私は、地域包括支援センターの存在や役割も通信制大学で勉強を始めてから知るような状態で、仕事内容もイメージがつきにくかった。そのため、実習課題もなかなかイメージがわかず、思いつかなかったため、事前学習から地域包括支援センターの機能と役割、地域で暮らす高齢者にどのような援助がなされているのかを理解することとした。ブラッシュアップを目的に学習する人が多くを占める通信制の大学において、福祉業界を全く知らない社会人実習生として、福祉のプロではないが全くの素人でもないため、ただの見学者とならないように、常に支援者という目線を忘れないようにしようと努めた。

・本実習で経験して学んだこと

法人内に老人保健施設や総合病院、居宅介護事業所なども併設されており、一通り実習させていただけたことは、いま思えば大きな財産になった。施設での実習は幅広い場面を設定していただけた。

訪問や相談場面においては、各職種の言葉がけによって利用者や家族の表情が和らいだり、安堵したり、怒りを表したりと、いろいろな表情が印象に残っている。一人ひとりに丁寧に利用者の気持ちや感情を引き出しつつ、自己決定できるようにアセスメントされていた。実習指導者から「アセスメントは質問だけでなく、その住環境やその他の状況、あるいは表情や仕草、さらには問わず語りの話合いの中にも拾うべき事柄が多く含まれていることもあり、そちらの方が本当の姿をあらわしていることもある。」と教えていただいた。

福祉専門職が行う事柄の根底には常に「利用者・患者・家族の最善の利益」がある。実習中そのことに気づくことができる場面に出会った。あらゆる場面で、多くの他職種と手を繋ぎ、お互いを理解し合う他職種との連携は、結果として患者・家族にとっての利益となることを知り、支援者は自らの立ち位置を明確にし、援助を行っていくためには「自分は誰の利益のために存在するのか」という言葉を、常に自分自身に問いかけていかなければと学んだ。

・本実習に生じた問題や悩み、苦労したことなど

毎日の記録がとにかく大変だった。実習記録がなかなか書けずに苦労した。実習を終えてから、夜間帯の仕事をして帰宅すると夜の11時過ぎになり、それから書き始めると深夜1時過ぎになったので、翌日に疲労を残したまま実習に臨むことになるのは体力的にこたえた。

・本実習の帰校日指導に対する感想

帰校日指導の際に先生から考察に「～と思った」、「～感じた」が多いが、「～であることを学んだ」という書き方の方が良いとアドバイスをいただいてから気をつけるようにした。感じたことが多いうちは見学者の目線だったなと気がつき、アドバイスをいただいてからは、感じるにとどまらず気づきや疑問が出るように事前学習するように努めた。

1週間に1度の帰校日は実習ノートの記録の仕方や、方向性がぶれていないかを振り返り、実習中に気をつけることや、視点をアドバイスしていただき、新しい実習課題も発見できた。その結果、実習開始の頃と比べると、記録作成に費やす時間が大幅に短縮され、書き方もよい方向に向かった。先生からの指導は耳に痛いものもあったが、それは自分ができていないからであって、現場で仕事を始めた今になってもよく思い出される。

・その他

実習を終えて、援助の実践の具体的なことをイメージできるようになり、実習で出会った職員の方々、利用者の方々を時々思い出しながら、いろいろな事柄に立ち向かっていく勇気をもらえたことはありがたいと思う。自分という人間の幅を広げられたとも思える。

今までは大学でのスクーリングの講義や、教科書と参考書等を使用しての学習の知識しかなく、福祉の現場を体験したことがなかった。福祉の現場を体験したことで、地域が抱えている課題、地域の人達による自分たちの地域のための取り組み、様々な課題を抱えた人達や共に解決に向けて努力しようとする職員の方々、認知症高齢者や障害を抱えた人達との出会いなどで学ぶことができ、講義や書籍等での勉強では伝わらなかったことや、見えなかったことが感じられ、とてもいい経験ができたと思う。

社会人になってからの学習は家族や仕事との両立に苦労もあったが、それらを乗り越えて実習を受けたことで、学習したことを実習で直に学べて得るものがたくさんあった。人とのつながりや自分の思考パターンを知ること、相談援助職の専門性、価値観など多くの学びやつながりができた。

実習先の指導者とは、卒業後の今現在もご縁があり、社会福祉士の職能団体の活動に誘っていただき一緒に活動している。大先輩であり、一言ひと言が心に残るアドバイスをして下さる。このことも魅力的な出会いに導かれてのことだと思っている。実習した時間は私の一生の宝物となった。

○社会人として働きながら学ぶ「覚悟」

毛利　庸靖（K地域包括支援センター）

6年前にサラリーマンを辞めた時、ホームヘルパー2級（現介護職員初任者研修）を取得し、そこから介護業界で働くうちに、より専門的な仕事がしたいと思うようになり、社会福祉士資格の取得を目指すようになった。そこで、しっかりとした教育制度があり、ある程度自分を厳しい環境における神戸親和女子大学の通信制を選んだ。春と秋の入学があったが、４月入学を待てば気が変わってしまうのではないかと思い、締め切り間近であった10月入学の方を選んだ。

入学して、すぐに期限付きで実習を実施するために習得を要する一定の単位があり、そのレポートの課題作りに日々追われた。主に、仕事（特別養護老人ホームの介護職員）の休みの日に作成し、締め切り間近で何とか提出することができた。また、働きながら約１ヶ月の実習の日程を組むことは困難だった。当初、職場には1年くらい前から通信制大学で勉強しており、ある時期になったら実習で約20日間休みをもらうとの了解を得ていた。しかし、その時期にさしかかった折に、職場が人員不足の問題を抱えており、職場からはとうてい約１ヶ月の連続した実習参加は難しいと言われたのである。そこで約２ヶ月の期間を使って、２回に分けて実習ができるように考え、この案を職場に提案し、実習施設にも調整をお願いした。実習施設の担当者と電話で何度もやり取りする中で、ようやく調整がうまくいき、なんとか実習がスタートできることになったのである。

実習先は、K市H区内にある社会福祉法人であり、特別養護老人ホーム・養護老人ホーム・デイサービス・地域包括支援センター等がある複合施設である。実習では、できる限り多くの部署を回ることを希望し、社会福祉士が部署ごとでどういう役割がそれぞれあるのかを学びたい気持ちがあったので、自分の学びたいことを担当者には積極的に伝えることを意識し（もちろん通常の業務の邪魔にならないように配慮しつつ）、取り組むように心がけた。

実習期間中は、毎日、相談援助実習日誌を書くことが必要であり、普段、文章を書き慣れていない私にとって、とても苦痛だった。最初は時間がかかり過ぎてしまい、内容も考察も浅く、見るに耐えないものだったが、帰校日指導で教員から記録の書き方について指導を受けたこと、他の実習生のレポートを見せてもらうことで次第に作成方法がわかるようになり、所定の時間内にレポートを作成することができ、かつ自分自身の考察をしっかり書き上げることができるようになった。

実習では、主に特別養護老人ホームや養護老人ホーム・デイサービスの相談員としての業務（書類作成業務や面接技術等）や地域包括支援センターの社会福祉士の役割、介護保険の仕組み等について学んだ。相談員業務としての学びとして特に印象に残っているのは、実際に養護老人ホームに入居しているAさんとの模擬面接である。Aさんは経済的な理由で入居に至った経緯があり、そこに至るまで様々な困難があった。実習期間が経過していき、関係構築が図れるようになり、次第にAさんは今までの生活歴や現在の施設での生活への思いを私に話してくれるようになった。お話を伺うと大変な生活歴であり、平凡に生きてきた私とはまるで違う人生を歩んでおられたのである。面接を重ねていく中で学んだのは、まずその人の考えそのものを受け止めて捉え、考えることである。歩んできた人生が違う以上、自分では理解できないことも少なからずある。しかし、その人の意思を尊重し、そのうえでどのような生活がその人にとって良いものになるのかを、時間をかけて考えていくことで見えてくるものがある。それをAさんから学ばせていただいた。

その他、地域包括支援センターでの実習では、見守り推進員（現地域支え合い推進員）に同行し、実際に活動されている民生委員の方からお話を伺うことができ、地域福祉の重要性について深い考察が得られた。たとえ地区単位であっても、各々の地域包括支援センターが担当するエリア内でも高齢者の人口は思っている以上に多く、支援や擁護が必要な方々を発見することは困難である。そのため、見守り推進員や民生委員、社会福祉協議会等が情報を共有し合い、孤立した高齢者を特定していくシステムは、高齢化が急速に進む社会にとって非常に重要だということがわかった。また、現在は限られた財源の中で地域の力に頼らなければならない現況がよくわかり、地域と福祉関連機関とのネットワーク作りが非常に重要であることを学んだ。

さらに地域包括支援センターでの実習を続けていくうちに、施設サービスの利用者との関わりとは違い、特に支援が困難なケースでは、極端に情報源が少なかったり、利用者との信頼関係を構築していくのが非常に困難であることが理解できた。利用者の全体像が見えず、必ずしも支援する側が思っているような展開にはならないケースも多い。また、サービスを受けること自体を利用者本人が望んではいないケースも少なからずあるため、援助職として感情だけで動いて無理強いをしてしまうことは、支援をしていくうえで悪循環にもつながる可能性もある。つまり、客観的にみて支援が必要であると思われる利用者がいても、これまでその利用者が歩んできた生活歴を考えれば、それを援助職がいきなり変えようと試みるには無理があると考えられるのである。そのような方々との関わりでは、利用者や家族の意思を尊重しつつも、援助も怠らないようにしながら見守る援助の仕方が求められる。また一人で悩まず、自己覚知をしっかりしながら多くの関連機関と連携をもち、長い目で見た支援方法を学ぶことができた。

実習最終日には、実習指導者から「当施設で相談員兼介護員として働かないか」と、声がかかり、お世話になることに決めた。当時、実習に協力して下さった利用者とも毎日顔をあわせることができるのが嬉しく、思い切って一歩踏み出して働きながら学ぶことを決めて、本当に良かったと感じた。実習を通して思ったことは、苦労もあったがそれを上回る喜びを感じることができたということである。

最後に、社会人学生へ伝えたいことは、働きながら学ぶには相当な覚悟が必要であるということである。年齢的にも後戻りができない。費用も無駄にはできない。何度もチャンスはないし、家族や職場の協力ももちろん必要になる。応援してくれる人もいれば難色を示す人もいる。そのような環境の中、自分が決めた目標を絶対に達成するのだという強い覚悟がなければ続けてはいけない。私は自分の中で覚悟ができた時に自然と限られた状況の中で、目標に達するのはどのようにすれば良いかを試行錯誤していきながら、何がいい選択肢なのかを常に考え、優先順位をつけながら進んでいけるようにした。また、前向きな姿勢や行動があれば、周囲も応援してくれるようになる。そうしていくことで、想像以上に自分は成長したと感じるし、今、働くうえでも自分に活かされていると思う。

現在、職場に希望を申し出て、地域包括支援センターの職員に異動となり、社会福祉士としてようやく第一歩を歩み始めたところである。偉そうなことを言ってしまったが、自分もまだまだこれからなのである。それに、サラリーマンから介護職に転職した当時は、とても物覚えが悪く不器用で、上司から度々指導を受けていた。最初はろくに食事介助や排泄介助ができなかった。この仕事を続けていけるのか、辞めて違う仕事をまた探そうかと、相当悩んでいた時期もあったが、利用者と触れ合いながらこの仕事の必要性を徐々に感じていくうちに、自分も人の役に立てる存在になりたい、もっと勉強がしたいと思い、諦めず進んできた。そんな不器用な自分がここまでやってくることができるなら、誰にでもできるはず。これから、仕事をしながら勉強に励む皆様には、是非、覚悟をもって臨んでほしいと思う。

○社会人実習生

実習内容は、さまざまな人に出会ったり、人間との連携の取り方を学んだり、施設や地域の環境、知識、教育内容などの要素が関係して成り立っている。社会人実習生は、それらのさまざまな要素を自分自身でマネジメントし、不安を抱いたり、日程調整したり、苦労を重ね大変な思いをして実習開始へとつなげている。

実習は、目標志向であり、そこで学んだ知識・技術・価値というコンピテンス（専門能力）は、資格取得後、ソーシャルワーク（社会福祉の実践活動）において援助者自らの能力を高めていくことが重要な課題である。実習は、テキストの内容、理論や相談援助演習の中に位置づけられた目的や目標を実際に学ぶことをもとにしている。

それでは、次に具体的な項目で本実習を振り返ってみた。

①実習計画は、社会人としての普段の生活をどのように調整して実習期間を確保することができるか、努力を重ねた結果である。実習は、実習生自身のこのような調整やまわりの理解なしでは成り立たず、実習前に問題などを解決しておく必要がある。

②本実習中の留意点は、実習先や実習指導者に、社会人として失礼のないように配慮することである。疑問に感じたことは、しっかりと調べ、実習指導者に質問できるよう、五感をフルに働かせるよう心掛けることが大切である。

③本実習中の帰校日指導は、実習指導教員から実習指導スーパービジョン（他者からの視点で、助言や指摘をうけること）として「管理的」「教育的」「支持的」なスーパービジョンが行われる。実習中の実習生は、実習指導教員と実習指導者の二重のスーパービジョン関係の中でスーパーバイジーの役割を果たすことになる。帰校日は、実習指導担当教員から個別スーパービジョン、グループスーパービジョンなど、状況に応じての対応があり、実習中の不安や苦労を共有できる環境が整っている。

④実習期間が長いことは、習得できる内容も多いという利点もあるが、移動時間がかかるという問題もでてくる。そのため、自宅からより近い実習先は移動が容易になる。しかし、近い実習先は、通常の生活圏と学ぶ環境が重複することが多く、利用者・学ぶ組織が重複し、学びにくい場面に遭遇し、悩むことがある。また、その反対に、自宅から遠い実習先の場合は、移動が長時間になり、実習期間中の生活に負担が生じることがある。

さらに、実習生は、実習中にどのようなことに気付いて、何がわかったのか、何がわからないのか、実習指導者からの実習計画の修正や指導内容により、学ぶ内容が変わってくる。実習生が学ぶ姿勢は、実習を受け入れて下さった環境（実習組織、指導者、指導教員）に合わせ、謙虚に与えられた実習の環境を受け入れることから始まる。実習前にイメージしていた「支援される利用者」は、「高齢者」と「障害者」の関係を想像していたが、実際の現場では、「色々な立場、環境の人」と「支援する者」などさまざまな関係がある。

例えば、

(ア)「実習生」と「実習指導者」との関係

(イ)「実習を引き受けて下さった実習先の指導者」と「実習指導教員」との関係

(ウ)「実習指導者」と「連携事業所」との関係等がある。

そして、実際の現場において実習指導者は、パターナリズム（父子主義のような強大な権威を背景としている）にならないよう配慮しながら支援、コミュニケーションをとっていることを知る。実習中のスーパービジョンは、実習指導者（スーパーバイザー）から日々の実習記録をもとに実習生（スーパーバイジー）に行われる。実習の成果を左右するスーパービジョン関係は、実習指導者（スーパーバイザー）の卓越性をもとにし、一定の力（権力）関係が存在しているといえる。実習の成果や実習の評価は、実習生と実習指導者のスーパービジョン関係の成否にかかっているといえるだろう。

また、実習生は、「記録を読み返す」ことにより、
(A) 書かれてある内容から当時の実習を思い返すことができる。
(B) 書かれてある内容を思い返すと同時に、当時書かなかった体験を思い返すことができる。
(C) 書かれてある内容を思い返すと同時に、当時書けなかった体験を思い返すことができる。
などの気づきを得ることができる。

記録した内容は、時間が経過することで、異なる視点から吟味でき、多面的に理解しながらスーパービジョンを受けることができる。しかし、実習記録には、「本当のこと」を書けない内容もある。スーパービジョンで実習経験を語るポイントは、「できたこと、わかったこと」だけでなく、「できなかったこと、わからなかったこと」にも意味があり、それも実習の成果であると認識すべきである。多くの実習生にとって初めての社会福祉現場での実習では、できないこと、わからないことがあると想定される。実習生は、できなかったこと、わからない経験をマイナスにとらえず、できなかったこと、わからない経験からも、学ぶべき成果があることを知る。

実習生を評価する実習指導者（スーパーバイザー）には、なかなか逆らえないというように、時にハラスメントのように実習生は感じるときがあるかもしれない。その体験は、ディレンマを超えて「傷つき体験」となることがある。本来は、実習生の立場から「実習中止」を求める

ことをあってもよいが、実際はそれを実習終了後に学校へ持ち帰ってくることが多い。実習生が社会人の場合は、そのディレンマ体験を実習中に伝えることが少ない。実習は、実習関係三者が、教育・実践・実習の遂行過程で何らかの疑問なり問題を感じた場合に、相互に素直に意見を伝え合うという「委託契約」になっている。そして、それらの疑問は、検討することで教育・実践・実習の向上を図っている（実習フィールドバック・システム）。実習生が、ディレンマや「困難な状況」に遭遇し悩むときは、実習指導者（スーパーバイザー）へ、それが難しい場合は、上司や担当教員へ伝えるというルートが考案されている。また、実習後に評価票が送られる場合、実習先機関・施設の評価は、学生がその内容に不服があったとしても、もう一度実習先に行って交渉するということは現実に難しい。さらに、実習で自身の傾向を知ること、自己覚知は、それ以降の専門職として仕事をしていく際に、有効な糧にしていくことができる。

最後に、実習中は、常に自分自身の発言や行動、実習先、実習指導者、指導教員への配慮を忘れず、自己研鑽し、次年度の実習受け入れ施設へと繋げることが大切である。

実習は、実習生自身、実習先機関・関係施設、実習指導者、社会福祉士養成校、実習指導教員のすべてにとって意義があり、社会福祉士の質の向上に必要な役割になっていることを認識し、実習生は実習（目標）に臨んで欲しいと考える。

【参考文献】

・『第10版　現代社会福祉用語の基礎知識』成清美治・加納光子編集代表、学文社、２０１１年
・『社会福祉士相談援助実習』監修：社団法人日本社会福祉士養成校協会、中央法規出版、２００９年

2　高齢者福祉施設（一部、地域包括支援センター配属あり）での実習生

○相談援助実習における悩みと学び

難波　恵子（H専門学校教員）

私が、社会福祉士を目指そうと決めたのは、患者の健康を口腔から支援する歯科衛生士として歯科医療に携わっていた時のことである。歯科医院に来院される患者を取り巻く環境や、社会情勢が変化していくことにより生まれていた健康格差を感じたことがきっかけであった。

歯科医院には、毎日様々な患者が来院される。その中には、医療の進歩が進み、私費治療を希望する患者がいる一方、生活困窮者や障害のある方など社会的にマイノリティーとされる方も多く来院され、さまざまな悩みを抱えている場面に直面することがある。また、超高齢社会である現在、歯科衛生士に求められる役割は、歯科医院の中だけに留まらず、在宅や施設など地域社会における医療・健康管理・疾病の予防を求められるというように医療のありかたも変化してきている。それは、身体機能の低下やそれに伴うさまざまな問題が生じても、その人の口腔の健康を通して生きることを支援していくことだと考えていた。このようななか、医療活動を行うために必要なことは何かを考えた時、それは、私たちを取り巻く社会的背景や社会構造、各種制度、そして、支援するための具体的方法等について理解することではないかと思った。また、近年では、医科・歯科・福祉連携が求められており、そのためには多職種を理解しなければならない。そこで私は、社会人学生として社会福祉を学び、社会福祉士国家資格を取得することを目標として大学へ入学した。

入学前から、仕事と両立させながらの学業は非常に高いハードルであることを覚悟していたが、実際に入学すると、想像していた以上に大変な道のりであった。座学においては、孤独との戦いで、心が折れそうになることもあったが、まずはしっかりとテキストを読み込み、考えたうえでレポートを書くことで理解が深まった。スクーリングでは、同じ目標を持つ仲間と出会い、互いに励まし合いながらモチベーションを高め、共に学んでいくことができた。

しかし、問題は相談援助実習である。実習期間が6週間と非常に長いことが、入学前からの悩みであった。当時、私は正社員として変則勤務ではあったが、午前9時から午後9時まで就業しており、スタッフに余裕があるわけではなかった。まず、入学前に、上司に仕事と大学の両立について相談させていただいた。社会福祉を学んでいくことに対しては賛同をいただいたが、実習に関しては期間が長いことで難色を示された。そこで、有給休暇や夏季休暇等を使用する、もしくは休職させていただき実習に取り組む、ということで合意を得たのである。しかし、具体的に実習日程や施設が決定し、それを報告したところ、休暇や休職することは認められないという方針であると伝えられ、想定外の事態となった。

社会人学生として、まず大きな壁は、この相談援助実習に取り組むこと自体にあると考えられる。職場が社会福祉関連施設であれば寛容に受け入れてもらうことも可能なのかもしれないが、そうでなければ、この長い期間を快諾してくれる職場は非常に少ないであろう。実際、スクーリングで出会った仲間たちは、半数ほどが社会福祉に関する仕事に就業されており、全く違う分野で仕事をしている方は、資格は取得したいのだが実習期間中、仕事を休むわけにはいかないと断念されていた。このように社会人学生にとって相談援助実習は、周囲の理解と協力が得られなければ、取り組むこと自体が非常に大きな壁だといえる。私の場合、結果的に退職することになった。シングルマザーである私が、退職をしてまで実習へ行くのか、他に方法はないのかと悩んだが、幸い、実習終了後に勤務できる歯科医院が決まっていたことや、家族の協力もあり、集中して実習に取り組むことができた。

私の相談援助実習先は、特別養護老人ホームである。そこで、実習目標を達成するために何よりも大切なのは、事前学習であった。私は、まずどのような施設なのか、その施設が地域で担っている役割、利用者について、そして、病気や高齢者の特性を理解することから学習した。しかし、実際に実習が始まると、わからないことや戸惑うことが多く、学習不足を痛感した。しかし、レクチャーを受け、社会福祉士のそばで学習させていただくことで少しずつであるが、座学で得た知識と実習が結びつくようになり、徐々に理解が深まった。特別養護老人ホームは、介護の必要な高齢者に対し生活の場としてさまざまな施設サービスを提供している。施設における生活相談員（社会福祉士）の役割は、相談援助業務だけでなく、ケアワークをはじめ、送迎や事務処理、家人や他の専門職間との連携や調整など非常に幅広い役割を担っていることが現場での実習で理解できた。

この相談援助実習をとおして、印象的だったことがある。私は、Aさんのケアプランを作成することが課題であった。実習時間の大半は利用者とのコミュニケーションだったため、ケアプランの作成過程におけるアセスメントには十分な時間を充てることができた。はじめは、ニーズの把握ができず、「困っていることはないか」と本質的な質問で、課題を明らかにしようとしていた。しかし、まずAさんとの信頼関係を構築し、非言語的なコミュニケーションやAさんのプラスの部分、身体的・精神的状況などさまざまな情報を統合しながらアセスメントを行うことが大切であると認識して行うことで、なかなかつかめなかったニーズが明確となり、ケアプランの作成ができた。そして、これを施設内でプレゼンテーションしたところ、その一部を実践させていただけることとなったのである。Aさんのニーズはいくつかあったが、その一つが「日中を楽しく過ごしたい」ということであった。普段あまり何もしたくない、やる気がないと気力の無いAさんには、いつも持ち歩いている巾着袋があった。そこに着目し、アセスメントしたところ、裁縫に対する思いや、できることならまた作りたいと話す時の表情がとてもいきいきとされていたので、それをケアプランに取り入れ実践した。本サービスの提供により、他の利用者と楽しくいきいきと取組み、笑顔で過ごす様子から、アセスメント時には、なかなかみられなかったAさんの積極的な意欲を引き出すことができたのではないかと思われた。また、職員から最近のAさんから、とても自然ないい笑顔をみられることが多くなったと声をかけていただき、本サービスの提供がAさんのニーズを充足させたと実感し、とても感動した。

今回の相談援助実習では、アセスメントの時間をたくさんいただいたことで、利用者理解とラポールの形成を十分に行うことができ、傾聴のスキルや面接技法、ソーシャルワークの視点について学ぶことができた。そして、社会福祉士に求められる専門性として、相談援助技術はもちろんのこと、介護の状況を理解し、知識がなければ利用者のニーズに対応したサービスが提供できないことを学んだ。これは、相談援助実習において、現場でしか得ることのできない貴重な経験であった。

現在、私は、社会福祉士国家資格を取得したが、社会福祉士としてではなく、また歯科衛生士としてでもなく、歯科衛生士を養成する学校で教員をしている。それは、大学で学んだ社会福祉士としての福祉の視点と、歯科衛生士としての医療の視点の両方からアプローチやコーディネートできる人材育成を目標としているからである。人を支援するというのは様々な角度からアプローチをする必要があり、社会福祉士と歯科衛生士はニーズの捉え方やその人らしく生きるための支援のありかたなど、共通する部分が多々ある。

今後は、本実習で学んだように相手の心の声に耳を傾けられるような援助者、医療者、教育者になりたいと思っている。

○ある認知症高齢者の支援を通して学んだこと

猪熊　俊和（T医療センター）

高齢者福祉施設での相談援助実習を行い、高齢者の心身の状況の変化や、その人なりのライフヒストリーに触れ、様々な感情を抱いた。

相談援助実習では、多くの高齢者との交流をもつなか、ある一人の高齢者Aさんの行動について気になる点があった。それは、他者に対しての暴言や暴力行為がみられることだ。Aさんは認知症の症状が強い方で、普段から会話も一方通行となっており、すぐに怒り、他の利用者ともよくトラブルになっていた。私が相談援助実習初日に、たまたまAさんの隣に座り、利用者の方々へ食事介助を行っていた際に、Aさんが持っていたスプーンを投げつけられたことから始まった。はじめは手元が滑ってこちらに飛んできたのかと考えたが、次の日もその次の日もスプーンが飛んできた。やがて、1週間が過ぎようとした頃、こちらから初めて言葉掛けを行うこととした。飛んできたスプーンを拾い洗った後、もう投げないように促してみた。すると笑顔で「もう次からは、せんからな」と、話されていた。この行動は私自身が予想していない行動であり、今までスプーンを投げていた行動に関して考えることとなった。

なぜ、今までスプーンを投げてきたのか?その本当の答えを知ることは出来ないが、「認知症高齢者の行動パターンではなく、Aさんからのメッセージだったのではないか?だとしたら、自分に対して何かを訴えていたのかもしれない」と考えた。それ以降、時間があるとAさんとの交流を行い、Aさんの理解に努めることとした。実習先のスタッフにうかがった話によると、Aさんの夫は同施設内のケアハウスに入居しており、以前は一緒に生活していた。一緒に生活していた頃2人は、誰が見てもいつも仲の良い夫婦だったという。それが、Aさんの認知症状の進行がみられ、家族から別の施設に転居することを依頼され、Aさんのみ特別養護老人ホームへ入居することとなった。その頃よりAさんの精神状態が不安定となり、他者への暴言・暴力行為がみられるようになったそうだ。その理由を裏付けるかのように、夫がAさんのところへ面会に来たときには、普段は目が釣り上がっているAさんが、まったく別人のように目じりが下がり、笑顔で話されている光景がほほえましかった。数日後のある時、いつものようにAさんとの交流のなかで、Aさんも私に慣れてきて下さったのか、Aさんから私の年齢を聞かれた。その後、質問に答えた後、こちらからもいくつかの質問をしながら、しばらく話が続いた。

その会話の中で、Ａさんは飴玉が食べたいんだけれど、なかなか貰えないことを不満に感じていることを知った。そのことを後からスタッフに伝え、Ａさんは糖尿病があるため、あまり甘いものを食べてはいけないことや、嚥下状態もあまり良くないので、食べさせることによってその後、何が起きるのかを想定することなどについてアドバイスを受けた。これまでＡさんと関わるなかで、自分自身ではある程度Ａさんについての理解ができていると過信していたが、最も重要な本人の病状やＡＤＬの状況が理解できていなかったことに気づかされた。また、この時、施設のスタッフは看護師や介護福祉士、栄養士、社会福祉士などの他職種の連携を行いながら、利用者の支援を行っていることについても気づかされた。社会福祉士は最も利用者に近い立場の支援者であると考えていたが、その業務を行ううえで利用者理解を十分に行っていないと、良い支援は出来ないと感じた。また、利用者から無理な相談を受けた時にも、すぐに自分ひとりで答えを出さずに、様々な職種との相談を行うことが、利用者にとってよりよい支援に繋がることを学んだ。

それからしばらく経過し、相談援助実習も残り数日となった頃、実習指導者より「Ａさんのケアプランの作成をやってみますか?」と提案され、早速取り掛かることとなった。ケアプランの様式を一式頂き、まずアセスメントを始めることとなった。Ａさんは午前中には暴言等の行為が多く見られるため、なかなかアセスメントすることは出来なかったが、精神状態が比較的落ち着いている午後の時間を使い、スムーズに行うことが出来た。この時にも本当に同じ人物かと疑うほど、午前と午後での人格が違うように思えた。アセスメントを行い、実際のプランニングを行うことで、Ａさんへの理解が深まり、またその後のかかわりの時にも、自分が計画したケアプランに基づいた支援に取り組んでみた。この時にも、Ａさんの理解が出来ていない計画ではまったく支援が出来ないことにも気づかされた。そのようなことを数回繰り返しながら、ケアプランの見直しを行い、最終日には自分なりに納得できるケアプランが完成した。この経験により、実際に施設のケアマネジャーの業務の大変さを痛感した。常に多くの利用者の状態を理解し、その人に合ったケアプランを立てることが、利用者の支援を行ううえでの最も重要な職務であり、そのケアプランは利用者に合致した適切なものでなければ、全く支援が行えずに、その利用者にとっても大変残念なことになってしまうことなどを学んだ。認知症高齢者の心理状況には喪失感が第一にあり、今まで出来ていたことがだんだん出来なくなっていくことによる絶望感や、心身機能の低下（老化）に伴うＡＤＬの低下や、それらによる老年期のうつ症状などがある。また認知症高齢者の支援を行うにあたり、相手の気持ちを受容できる姿勢と、接する介護スタッフが画一的な援助を行うのではなく、その人の気持ちに寄り添う対応が重要であると考える。

この約１ヶ月間の相談援助実習を通して、認知症高齢者の支援をするうえで大切なことは、利用者の方々の心身状況や病状・家族歴等の基本情報を十分に理解したうえで関わりをもつことであり、また、その利用者の方々を人生の先輩であるという尊敬の念をもって接することや、その人の言葉からの情報だけでなく、視線や動作・表情などのノンバーバル・コミュニケーションにも注意を払うことで、表面からではわからない本質やニーズをつかむことができるのである。またケアプランを実際に組み立てることで、改めてその利用者の状態の理解が深まり、そのケアプランを計画・実行する大変さについても学ぶことができた。これらの学びは現在、医療ソーシャルワーカーとして業務を行ううえでも大変重要なスキルであり、今後も更にスキルアップが出来るように取り組んでいきたいと考えている。

昼間は業務に従事され、限られた時間の中で社会人実習生として学ばれている皆さん、毎日毎日時間に追われて大変だが、今しかできない貴重な体験を十分経験して、今後の人生をより実りあるものにしていけるよう、頑張ってほしい。

○実習指導者からの言葉を心に

佐野　恭子（H救護施設）

私は、4年生最後の11月から12月までA高齢者施設で相談援助実習を実施した。3年生の時に実施しておけばよかったのだが、勤務先の人手不足もあって、まとめて休むことを言いにくかったせいもあり、最後の期間になってしまった。

たくさん休んで職場の人間関係を壊してしまったらどうしようと、不安でいっぱいであった。欠勤や休職扱いで実習に行くことが厳しい職場だったため、有給休暇をしっかりためて、上司に相談したところ了承された。周囲も応援してくださり、ありがたかった。社会人実習生は、実習の時、仕事を両立するか、辞めるかを悩んでいる。辞めると実習に専念でき良い面もあるが、生活費の不安、辞めて実習に行ったとしても、その後、仕事がみつかるかの問題が出てくるため、簡単に結論は出せない。私は年齢的にも、仕事を失う怖さが大きく、両立することを選択した。当時の仕事は、月～金までの平日勤務で、福祉の職場ではなかった。仕事をしている者にとって、実習中、毎週の帰校日はきつかった。この帰校日を私自身の休日とし、一週間のうち3日実習、3日仕事というスケジュールを組んだので、実習期間は約2ヶ月かかった。実習先は事情を考慮してくれ、希望どおりにして下さったが、2ヶ月間ほぼ休みなしのハードな毎日であった。

この実習を乗りきらなければ、社会福祉士の受験資格が取得できないため、体調を崩さないよう、「何度もチャンスはない」と自分に言いきかせ、実習に挑んだ。「実習生って邪魔者扱いを受ける」そんなイメージもあったし、周囲からもそう聞かされていた。ところが実習指導者のAさんは、いつも丁寧な言葉遣い、振る舞いで接して下さったおかげで、実習に行くのが嫌だとは思わなかった。Ａさんだけでなく、「実習生は、放っておかれることもあるから…」と、実習生の立場に立って声をかけて下さる職員もいらっしゃったので心強かった。そんな場面もあったが、社会人としての経験の強みなのか、時として対応が難しいことがあっても、自然と理解ができ、不満を抱くことはなかった。

実習中は、地域包括支援センター、デイサービス、ショートステイ、特別養護老人ホームなどいろんな部署に配置していただいた。高齢者施設は、希望分野ではなかったのだが、行って良かったと思っている。希望ではなかった理由として、介護の苦手意識もあり、就職先に介護がある職場は選ばないと決めていたからだ。今の職場は高齢者施設ではないが、年齢は関係なく、精神状態を崩すと身の回りのことができなくなるので、介護技術や利用者への対応などが学べたことはとても良かったと思う。支援計画をたてる際、身の回りのことがどれだけできるかを押さえておくことが重要なポイントとなる。福祉の職を志ざす人は、どんな現場であれ、介護は必要であることを実感した。

振り返ると、私は福祉の職場で働いたことがないため、Ａさんに失礼な質問ばかりしていたように思う。「社会福祉士ってこんなこともするの」、「あの利用者対応は良くない」などについても、Ａさんは、外部の目として実習生の意見は大切だと否定せず、全て受け止めて下さった。今、経験を積んでわかったことは、福祉の現場は活動の領域が広く、臨機応変な対応が求められる。話をきく立場に立った専門職は、相手が何を望んでいるか、何を言いたいのかを、しっかり受け止めなければならない重要な役割がある。

私は現在、大学卒業と同時に福祉の職場に転職し、３年目を迎えた。自分自身の感情が先にたち、あのときAさんに意見を述べていたことは、自分でもやっているのではないかと思うことがある。あの時はわからないから、経験していないから、純粋に意見できたことだと痛感する。Aさんは、私に、バイスティックの７原則を話して下さった。そういえばテキストに載っていたなと、その程度の返答であったが、いろんな悩みにぶつかるとき、このバイスティックの７原則に戻ると答えが出るのである。また、実習中は、毎日の実習日誌を書くのに必死であった。家に持って帰っても疲れて寝てしまうため、帰路途中でのカフェに立ち寄り、仕上げて帰っていた。とにかく実習は休まない、日誌はきちんと提出することがすべてであった。今、現場での経験を積み重ねるたびに、Aさんから学んだバイスティックの７原則の大切さを改めて感じている。そして、バイスティックの７原則以上に、心に残っている言葉がある。最後の日誌に書かれていたAさんからの「質の高い社会福祉士を目指して」という言葉だ。「質」とは、一言では表現できないとても重みのある言葉だと感じる。Aさんが言いたかったことを、これから私自身が経験を積み、行動を振り返りながら「質」について考えていく、経験を積み、勉強していかなければならない。

「質の高い社会福祉士を目指して」この言葉を心に、これからの課題を与えてくれたAさんに感謝！

○成長した自分に出会うために

齋藤　知子（Rサービス付き高齢者住宅　生活相談員）

実習を実施するためには、職場に極力迷惑をかけないようにしたいと、入学したときから思い、仕事を休業しても仕事がスムーズに行えるような段取りを入学した時点で考えて行動していた。だから、仕事も常勤ではなく、登録ヘルパーとして働いていた。

実習期間約1か月半、職場では納得してくれているものの、一人で担当していた所があったので、代替ヘルパーへの引継ぎや、利用者の方への説明等をおこない、自分の中では休業しても大丈夫なようにと、実習まで考え働いていたと思っていた。しかし、実際は利用者が実習の終わるまで我慢するとおっしゃった時、自分の支援が認められて信頼関係ができているといううれしい気持ちがある反面、休業しても他のヘルパーで支援を行えると思っていたことが、実は仕事の連携ができていなかったことに改めて気づき、愕然とした。この時、自分本位の気持ちがあったことに気づいた。そんな状況のなかで、実習に対してはどんな実習になるのか、うまくできるのかなど不安でいっぱいだった。

実習期間中は、本当に毎日が記憶と記録との戦いで、いろいろなことが怒涛のごとく過ぎていった。実習中は、利用者の方々、多職種専門職、ボランティアの皆さんとコミュニケーションをとり、ニーズ把握、連携等の学びを深めていくことが重要である。しかし、利用者の方に合わせたさまざまなコミュニケーションの工夫や、真のニーズを把握することができず、視点・目標を見失いがちになり、実習日誌の作成速度が落ちて、実習疲れが出てきたことがあった。そんな時は、1週間に1回の帰校日指導で、先生のご指導や他の学生の意見や感想が聞けるので、参考になるし、励みにもなった。

相談援助では、いろいろな方とのコミュニケーション方法、ニーズ把握、連携などが必要不可欠であり、そういうことを学ぶには最適な実習現場だった。地域における身近な老人福祉施設として、デイサービス、小規模多機能型居宅介護、配食サービス、介護予防体操教室等いろいろなサービスをもっている実習先であった。いろいろな職歴の方、例えば元民生委員、元保護司、元料理人をはじめ、多職種の方々や、いろいろなサービスを受ける利用者の方々とのコミュニケーションをとることができた。いろいろなサービスがあり、それぞれについての業務内容、役割等を学び、利用者の方にとってのサービスの意義を理解し、コミュニケーション方法を考えてニーズ把握に努めた。

それぞれの利用者の方と接していると、好意的な方、そうでない方といろいろと感じ方が違い、どう対応していくかも重要になってくる。より深く、良い人間関係を作るには時間が必要だと思っていたが、初めて会った時の印象で、その後の人間関係に大きく影響してくるので、出会ってすぐに相手の気持ちに寄り添える、心をつかむことが重要である。

最後に、実習をして本当に良かったと思うことは、いろいろなことに気づかせてもらえたことである。相談援助の内容について、対人援助職としてのコミュニケーション能力、連携、ニーズの引き出しなど、自分で思っている以上に難しかったことである。また、体力、健康維持等も必要なことであり、職場、家族の理解があってはじめて実習を受けることができ、自分一人で勉強していることではあるが、周りの理解がないとそれは成り立たないことだと本当に実感できたし、支えてくれたすべての人々に感謝している。

この実習に取り組んだことで、自分が以前より大きく成長できたと、今でも思っている。

○私の社会福祉士相談援助実習

首藤　悦子

・通信生、社会人学生として本実習開始前に抱えていた問題について

社会福祉士の資格を取得したいと思い、大学への入学を決意したが、本実習開始前は、高齢

者福祉施設に勤めたことがないので、実習は大丈夫なのかという不安があり、緊張していた。そして、１か月間の実習のために、職場に迷惑をかけることや調整が大変であり、働きながら学ぶということは簡単なことではなく、仕事との両立は予定通りにいかないこともあるのでさらに大変である。

しかし、福祉を学びたい、社会福祉士の資格を取得したいという目標や気持ちがあれば、頑張れるものである。

・本実習中の留意点

特別養護老人ホーム、デイサービス、地域包括支援センターでの実習だったが、１か月の実習をさせていただくので、自分の視点をしっかりもつこと、高齢者福祉施設の特性や地域性をしっかり理解しておき、現場の様子をしっかり見ながら、社会福祉士を含め各専門職の役割や連携、高齢者とコミュニケーションをとり、積極的に関わることが大切である。

高齢者の方と関わる時は、はじめに、目上の方なので言葉遣いに気をつけることを実習指導者から教えていただいた。高齢者の方の一人ひとりの個性を大切にしながら、尊敬の気持ちをもつことや、今までの生きてこられた時代背景や歴史、昭和の時代の事柄や歌など理解しておくとコミュニケーションがとりやすくなり、信頼関係を構築しやすくなる。

社会人の方は、職場の経験があるために学生の頃と違い、自分の考え方などに気付いたりするので、自己覚知をしながら実習をしていくことは貴重な経験になる。

・本実習中の帰校日指導に対する感想

実習中は緊張していたり、計画どおりにいかなかったり、思うようにいかないこともあるが、本実習中には帰校日指導があり、相談させていただくことで安心した。そして、指導により前向きな気持ちにさせていただいたので、それまでの実習をふりかえりながら頑張ることができた。帰校日指導があることで、自分自身の成長や達成度が理解できたので、帰校日指導がなければ、悩みの多い実習になっていたかもしれない。

・本実習中に生じた問題や悩み、苦労したこと等

高齢者の施設の雰囲気に慣れるには数日間かかり、認知症の利用者に対しては、はじめはコミュニケーションが難しかったが、しだいに慣れてくると、表情や傾聴をしながら共感していくと理解できるようになっていった。利用者の方の様々なことが理解できる度に、喜びや楽しさにつながり、人と関わる仕事のやりがいを感じた。特別養護老人ホーム、デイサービス、地域包括支援センターでの実習において、それぞれの部署の特性や、高齢者の特性をしっかり理

解しておくと、もう少し、深い実習ができたのではないかと思っている。

・本実習を経験して学んだこと

特別養護老人ホームでは、認知症の利用者の方とのコミュニケーションを通して、しだいに、本当に望んで入所しているわけではなく、「帰りたい」と在宅を望む利用者にも接した。はじめは、日常会話程度のコミュニケーションだと思っていたが、このような利用者の本当の気持ちを理解した時に、認知症の理解にもつながった。しかし、悲しい思いになったこともある。高齢になると、生活が自分の思い通りになるわけではなく、いろいろな問題に直面していくことを考えていかなくてはいけないと思った。一人ひとりの利用者の方に合った生活支援をしていくことが大切だと感じた。利用者の方とのコミュニケーションを通して理解していくが、今までの生きてきた人生経験や歴史があり、尊敬の気持ちが芽生えた。実習を通して、人生とはなんなのか、生きるとはどういうことなのかを考えさせられることが多かった。実習記録で、「生きてきた時代背景をつかみ、過去の積み重ねが今を生きている証だと、私はどの利用者の方にも当てはまると思います。」と教えていただいたことが印象に残っている。これからもこうした経験を、私自身も積み重ねていきたいと思った。

デイサービスの実習では、職員の方が忙しく、人手不足の状況になったことがあった。その時に、利用者の方へのレクリエーションを担当させていただいたことがあり、「職員みたいでした。」と、実習生なのにほめていただいたことがとても嬉しかった。私は、高齢者の方に楽しんでいただけるように頑張っていたが、自分自身が楽しむことも大切だということに気づいた。職員の方の連携を拝見し、どのような時でも対応できるようにしておくことや利用者の方への支援の大変さも学んだのである。

・本書で強調したいこと

十数年前、社会福祉士の資格について福祉関係の職員の方に相談させていただいたことがあるが、まだ社会福祉士の資格は認知度が低かった。いつか社会福祉士が必要とされる時代が来るのではないかと思っていたが、その後、地域包括支援センターに社会福祉士が必置となった。いつか社会福祉士の資格を取得したい、もう一度大学で学びたいという目標があったので大学への入学を決意した。

今、大学の時のことを思い出すと、大学と仕事の両立で、社会福祉士の受験資格を取得するだけでも大変なことであるが、大学で資格を取得すると決めた時がチャンスだったと思う。これからも社会福祉を学んだことを大切にして活かしていきたい。

社会福祉士を目指す学生のみなさん、相談援助実習頑張って下さい。

○否定から入らない社会福祉士へ　～実習の頃、そして今～

井上　眞規子（K市民生委員児童委員）

57歳で3年次に編入した私が4年次に進み、本当に実習までたどりつけるのか、そんなことを考えていた。入学時、「シラバスをみて単位取得のために必要な科目は自己責任で選び、受講すること」がなかなか理解できず、「科目レポートを提出し、先生からの評価を得て、科目試験申請をして受験し、合格して初めて単位取得となる」というシステムにも不安を抱えながら、余裕のない気持ちで実習時期をむかえる状況だった。実習指導担当の先生から、高齢者福祉施設での実習と発表され、月曜から金曜の8時から17時まで24日間の実習であると知り、休まず続けられるのか、家族への影響はどのくらいになるのか等、心配はつきなかった。このとき、人は見通しが立たず、先がみえないことは精神的に気持ちが落ち着かないことを深く実感したのである。戸惑いながらスタートした実習だったが、24日目最終日をむかえた私は、多くの方に支えられ無事に終了できたことに感謝と感動で満たされ、学びの手応えを得て視野の広がりを確信していたのである。

①察することの重要性である。その日の業務環境を知り、職員の方々の立場を理解し、利用者の心の動きや思いに気づくよう、主に聴くことを心がけ意識して行動することである。

②個別ニーズである。人は皆、なんらかの課題を抱え生活しているが、整理され理論化した文章のようなパターン化した対応や、福祉の気持ちで寄り添うだけで乗り越えられる現場はなく、事情も環境も一人ひとり違うのである。

③一人で抱え込まなくていいのである。実習生として、わきまえた言動や責任ある行動をすることはもちろんだが、現場には多くの専門職や機関が関わっており、日々、介護・医療・福祉の各視点で連携して対応するシステムができているので、一人で背負いこまなくていいのである。

④記録を書くことの大切さである。実習記録を空白なく埋める毎日から、記述する言葉の細部にまでこだわり、関係者のプライバシー保護への配慮を意識して書く重要性に気づくことにもなった。また、あいまいな記憶にならないよう、時系列で書くことは自分を守ることにもつながることを知った。

⑤多様な高齢者から「いつか自分も行く道」と心から気づかされたことである。どんな方でも素直に誠実に温かい気持ちで接すると、少しずつではあるが、歳を重ねるとできないことは増えてきても、精神面は成長し続けることを感じたのである。

そして、今、伝えたいことがある。どんなときでも、あきらめないことである。私は大学卒業後、社会福祉士国家資格を取得し、兵庫県社会福祉士会に所属して基礎研究Ⅰ・Ⅱ・Ⅲを3

年間受講し、修了した。今は、成年後見等受任のための研修中である。これまで年齢にめげずにモチベーションを下げず続けてくることができたのは、大学入学後かけていただいた言葉があったからである。「あなたのような年齢で人生経験を積んだ方が大学で学び、理論の裏付けをとり、新たな福祉視点を身につけて現場で実践することが、社会の福祉向上に役立ち、意味があり、重要なので頑張って下さい。」と。この支えを思い出すと、課題に追われて投げ出したり、逃げ出したりしたくなっても、いつも原点に立ち戻って考え直すことができたのである。これからも私は、自己啓発に努め、経験を積み重ね、人として必要とされ役立つように、人生の終盤に向けて謙虚な態度を失わず、冷静に取り組んでいきたいと願っている。そして今、誰かに寄り添う時の最初の言葉には否定から入らないことを心している。マズローの動機づけ理論の５段階めの自己実現ニーズに入ったことを確信している私である。

○私、四十歳代からの相談援助

吉田　光子

実習中で一番悩んだことは、現在、相談援助の職業に就く私にとって未だに仮題でもある。そして、相談援助という職種は、奥が深いということを痛感している。

実習を迎えるまでは、相談援助の専門職として職業に関する知識を学び、自分のなかでは十分ではないにしても理解しているし、わかっているつもりであった。年齢も四十歳を過ぎ、大袈裟なものではないが40年程の人生経験もある。少なからずとも、若い現役世代の人達よりは相談援助を行うにあたり相手の方に安心感を与え、受け入れていただきやすいのではないか、との私の思い込みがあった。その反面、通信制の大学生であるから通学での学生と比べると、先生からの指導、学生同士での情報交換等の機会が少なく、自分自身の枠に固執してしまいがちにならないだろうか等の不安があった。だが、実際は本人次第であり、そのような思考をもっている私自身に問題があるということを、実習に取り組んでからわかったのである。

実習が始まってから悩まされたこと、それは「利用者の方の全体像の理解」であった。事前に心配や不安に思っていたこととは全く違っており、自分の浅はかな考えや思いに呆れてしまった。実習以前に、自分自身が一番有利であろうと思っていたことに悩まされる結果になったのである。それは私の年齢や、それに伴う僅かな人生経験が大きな壁となった。実習で担当させていただいた利用者の方の全体像の理解を行うにあたり、検証、考察する段階で前に進めないのである。考察を重ねるほど、私自身の考えが混乱していった。利用者の方の人生の奥行きを、私自身の個人的な経験やものさしの範囲で理解する。また、利用者の苦しみや悩み等を私自身が多少理解できても、疾病や障害等、一般的な経験以上の人生経験に、対人援助実践に必要な知識を応用できる段階に私自身が達していないのである。相談援助職としての経験のない私が行う情報収集、分析、統合であるので、余計に混乱したように思われる。感情的な側面や人間関係などについては、利用者の方の心情を汲み取れたとしても、私自身の価値観や社会常識に左右されてしまいがちになるのである。利用者の方の状況と私自身の体験等が重なり合う部分では、自分の感情移入をしてしまいがちになる。これが20年や30年前の私であったら、同じような状況であるとき、どのように考えたのであろうか。今の私よりも人生経験が少ない分、少しは真っ白な状態のまま利用者の方の全体像を私自身に落とし込めたのではないだろうか等、考えても仕方ないことを考えたりもした。相談援助職ということの理解を実習先である福祉現場に出て初めて学び、そのことが未だに私の糧となっている。

知識、技術、倫理、価値、またこれらを合わせて実践となる。利用者の方や家族でさえ言葉にできない思いを言語化する。その過程においても言葉を並べたものではなく、人を理解するということを大切に検証し、考察していきたいと改めて思う。だが、現場では時間や業務に追われることが多く、実習期間の環境とは全く違う。だからこそ、職業人としての私は、知識、見識、技術等、専門職としての自分を磨いていく必要があると考える。

【参考文献】

・『身体知と言語』奥川　幸子著、中央法規出版、２００７年

3
障害児・者福祉施設での実習生

○「いま、ここ」からできること～過去・現在・未来～

N・F（都道府県社会福祉協議会）

・通信生、社会人学生として本実習開始前に抱えていた問題について

やはり、圧倒的に時間の捻出が大きな課題であった。

レポート作成の時間を捻出するのに苦労している社会人学生は多いと思うが、レポート作成であれば、時間数を小刻みに分けるなどして、自分のペースで予め計画を立てることが可能である。しかし、実習ではそうはいかない。自分自身のペースだけで進めることは困難である。受け入れて下さる実習先の都合はもちろんのこと、社会人学生の場合は、そこに「職場の都合」が加わり、ハードルが高くなってしまうのだ。社会人学生、とりわけ通信教育生の大半が、最少年数を数年過ぎてから修了する（あるいは修了を断念する）理由はここにあると思う。私自身の場合も、１ケ月間も職場に穴を空けるわけにはいかず、職場の仲間に相談しながら、実習時間数を前半（３週間）と後半（１週間）に分けて実習を行うことになった。

・本実習中の留意点

とにかく、体調管理に尽きると思う。

自分自身が体調を崩すことで、実習先はもちろんのこと、利用者の方にかかる迷惑は大きなものがある。私自身の記憶を遡ってみると、実習直前は、自分自身の不在中にも業務を回せるよう、職場内で引継ぎを行なったりと、とにかく日々が目まぐるしく駆け抜けていった。また、帰校日や巡回指導日も含めて実習スケジュールを組むなかで、職場に迷惑をかけないようにしようと思えば思うほど、スケジュールはタイトになりがちであった。実習初日の前夜、引継ぎ等で退勤時間が遅くなったことを思い出すたび、「あんなしんどいことをよくやったものだなぁ」と、当時の自分に呆れてしまう。幸いにも私の場合は、宿直明けは早めに退勤するよう事業所の方が声を掛けて下さったり、実習期間中に体調を崩すことはなかったのだが、これから実習を控えている人は、体調を崩すことを決して「他人事」と思わないでほしい。

「スケジュールの過密具合によっては、いつ体調を崩してもおかしくない」という危機感を忘れずに、実習に臨んでもらいたいと思うし、ぜひ、「社会人学生だからこそできるリスク管理」を意識していただきたい。

・本実習中の帰校日指導に対する感想

同じ帰校日には見知った仲間と顔を合わせる場面もあり、実習先との関係性や実習日誌の進捗状況など、情報交換を行えたことは大きなメリットであったと思う。通信教育生の場合は、仲間と顔を合わせる機会といえば、修了試験やスクーリングに限られる。実習期間中も、「このやり方で本当にいいのだろうか」、「他のみんなは、どのように感じているのだろうか」などと、様々な疑問が湧いてくるはずなので、ぜひ積極的に仲間との情報交換の場をもってほしいと思う。

・本実習中に生じた問題や悩み、苦労したこと等

これはよく耳にすることだが、実習を担当する指導者の方は、日頃の業務に加えて実習指導にあたっておられるため、その忙しさは並々ならぬものがある。

現在、私は仕事で福祉施設へ足を運ぶことも多く、そのたびに実習生の姿を目にしたり、実習担当者をはじめとする施設職員のお話を聞く機会も多いのだが、改めて、現場の大変さが垣間見えてくる。とはいえ、「実習指導者と十分にコミュニケーションが取れていないから・・・」などという言い訳は通用しない。実習指導者とコミュニケーションを十分に図る時間が少ないなか、「いかにポイントを絞って、効果的に自分の想いや考えを伝えられるか」は、社会人実習生のスキルにかかっていると感じるし、最終的には一人の利用者の方について個別支援計画を作成するのだから、そのための努力は惜しまないでほしい。

・本実習全般にわたり、感動したこと、うれしかったことや喜び、学んだこと

やはり、今回の実習を通じて、新たなネットワークが広がったことが大きな収穫であったと思う。もし社会人実習生の皆さんが、実習後に、「今頃、（利用者の）○○さんはどうしているかな・・・」と、実習先やそこで生活する利用者の方の顔が思い浮かんだのであれば、それは実習という経験が、皆さんにとって大きな宝物になった証拠であろう。

また、いつもは自分のフィールド（職場）に浸かってばかりで見えていなかったことが、実習を通じて俯瞰できるようになったことは、大きな成果であったと思う。実習生の皆さんの中には、実習中や雑談中に、自分の勤めている職場や仕事内容について尋ねられる場面も多いと思う。例えば、私自身は都道府県社会福祉協議会に勤めているのだが、実習先とのやりとりを通じて、自分自身が思っている以上に、「社協」、とりわけ都道府県社協が、社会や福祉業界に十分には知られていないということがよくわかった。「どのようにすれば、自分の職場、仕事を魅力的に伝えられるだろうか？」、「なぜ自分は自信をもって説明できないのだろう？」という視点をもつことは、もどかしい経験であったとともに、大きな「気づき」となった。

実習を離れてからも、自分自身のフィールドから何ができるのか、その実習先施設とどのように関わっていけるのか、その先の展望を考えながら利用者の方と関わったり、実習先の方とやりとりを行うことは、重要な視点であると考える。もちろん、「私は○○で働いているから」、

「私は○○が専門だから」などと、日頃の思考回路を全く外せずにいると、新しい環境で新しい気づきを得ることは難しい。「郷に入りては郷に従え」という言葉があるように、謙虚さを忘れず、自分を真っ新な状態にして実習に臨む姿勢も同時に必要であることを、最後に付け加えておきたい。

○看護師視点での相談援助実習

田中　弘美（S病院看護部）

・ワクワクしていた実習開始前

私は、看護専門学校で精神看護学を担当してきた。学生は精神科病院実習で、話しやすさや診断名で受け持ち患者を決めていた。そのためか、看護計画は「精神症状を悪化させない」が目立ち、「患者、その人の生活が見えない」ことが多いため、精神保健福祉士に協力を依頼することが多かった。基礎看護教育において「福祉の視点」を意識した授業は少ないと感じ、精神保健福祉士教育を体験することにした。その中で、支援の対象は「精神に障害をもった人たち」と限定されるが、対応するための知識や技術の基本は、社会福祉士教育にあるのではないかと思えた。看護の対象は「あらゆる人」、社会福祉の対象も「あらゆる人」である。アプローチの方法は違うだろうが、精神面の個性だけでなくヒトである個性を持った人たちとの関わりが楽しみになった。

・疑問をもちながらも楽しすぎる日々

「支援の対象は、あらゆる人びと」であることとは、福祉分野・看護分野、共に同じであると思っていた。しかし、精神保健福祉士の実習中、「看護師は、そのヒトの生活を見ていない」、「精神疾患があるから医学的視点ばかり気になっているのと違う」と、よく言われた。精神科病院を中心に、グループホームや就労支援センターでも支援の実際を見学し、体験できた。しかし、福祉的援助の対象が精神に障害をもっている人に限定されており、看護師も福祉の視点をもつためには偏っていると思われた。「支援の対象は、あらゆる人びと」である。看護と福祉は同じヒトを支援の対象にする。精神障害は病気である。ヒトは身体だけでなく精神にも病気をもちながら、健康そうに生活していることが多い。そこで社会福祉士の実習は、「生活の一部になっている場所で、心身があらゆる状況にある人たちと関わることを心掛ける。そうすることで、心身の状況が及ぼす日常生活の状況に視点がもてる」と考えると、毎日ワクワクしながら作業所に通い、利用者の方々に関わっていた。

ある日、30歳代の利用者Aさんが、いつも行っている電気部品の箱詰めに集中できず、2個詰めては部屋を一周し、帰りはトイレから出てこない。帰りのバスの時間が迫り、トイレの前をウロウロしながら「お母さん待ってるよ」、「バスが出ちゃうよ」、「一緒にバスに乗れないと寂しいよ」などと声をかけていった。しかし、トイレから出る気配はない。実習指導者がドアを2回ノックし、「Aさんのリュックだけが更衣室に残っているよ」と声をかけると、すぐにドアは大きな音をたてて開かれ、飛び出していった。「女性は生理（月経）との関係は大きいな。男性は、朝、家での状況が影響していることが多いかな」とおっしゃった。身体状況が精神にも影響し、その日の気分が作業を含む日常生活行動に影響を与えていた。また、関わる人、関わり方によっても利用者さんの反応は違ってくる。職員の年齢や性別、経験等の違いと、利用者の年齢や性別、疾患や障害からくる言動として表現される反応は、どの場面や状況を見ても、同じと思えるものはなかった。

毎日、目にすることや気になった状況などを実習指導者に質問し、意見交換し、助言をいただき、実行してみる。支援計画を考えるとき、支援対象者のAさんの顔だけでなく、言動が浮かび、毎朝、お母さんから家での様子を聞くことが実習生である私の日課になっていった。家族は元気に作業所に通ってくれることを喜び、Aさんは、時に恥ずかしそうに笑顔を見せてくれるようになった。

・気持ちの切り替え

相談援助実習では、一人の支援計画を立案することが課題にあった。情報の整理、アセスメント、支援目標、支援計画の工程を作成しながら、「看護計画と同じだ」、「看護と福祉の視点はやっぱり同じ」、「楽勝」と思いながら、書き上げていた。実習指導者は出来上がった支援計画を読んで、「いいんじゃないですか」、「やっぱり看護師さんは慣れていますね」が、第一声だった。一人の人を対象に支援計画を作成したが、「医学的視点で生活を見ていない」と言われたことを思い出した。「その人の生活を意識したつもりなのに」、「やっぱり、生命の危機みたいな発想が入ってたのか」などと、まず考えていた。実習指導者は、『『手慣れている』という気持ちを表しただけ」とおっしゃった。そして、Aさんが自閉症と診断されてからの家族の治療への意識や思い、Aさんへの思いや対応方法、作業所に通うようになったいきさつなどを話して下さった。病院の中では「病気をかかえる人」が中心になる。そして、退院していく場所で困らないようにと考え、対応策を考え、実施できるように本人だけでなく家族の思いや考えを聞きながら計画を立てて支援している。実習指導者の話を聞きながら、私の意識の中に「Aさんに対する感じや意識することに、何か実習指導者と違うものがある」と思えた。そして、「生活を観る」ことの意味を意識することが福祉的観点であり、支援するその人が求めていることではないかと考えた。

・看護師が福祉職の相談援助実習を体験する魅力

入院期間が短縮されてきたことにより、在宅医療、訪問看護が地域に広がるよりも介護支援を求める声が大きい。生きていくためには生活が安定することが必要である。そこで、生活の場である地域の物的・人的環境についての知識が必要になる。同じ地域の物的・人的環境についての知識をもっていても、それをどのように活用するかは担当者の考えや思惑による。ベテランの看護師からのアドバイスは貴重なものであることが多い。「そういう考え方や対応方法があるんや」など、知識と考え方の柔軟性に感心させられる。精神保健福祉士の実習時の指導は、参加させていただいた場所の責任者ではあるが、「どれだけの経験をしてきたのだろう」と思うときがあった。これは、私の年齢と経験、人間性からの判断を否定されたように感じたからではないかと思われる。しかし、今回の社会福祉士の実習ではそういうことは感じなかった。自分の中のプライドが年下の助言やアドバイスを受け入れられない状況にしているのではないかと思っていたが、年齢ではなく、指導者の人間性に共感できるかどうかであることに気が付いた。指導者のアドバイスから「ああ、そうなんだ」、「これでいいんだ」と自信につながり、笑顔で利用者と対面できたときは、全身が笑顔で包まれたように思えた。

人と人との関係は、知識や知識に裏打ちされた技術では作れない。その人の人間性が、相手に響くかどうかの鍵を握っているように感じる。看護師や医療関係者の考え方や感じ方と、福祉職にある方たちのそれは違う。本実習終了後、職場で「ますます視点の違う意見が出るようになった」と言われるようになった。相談援助も看護師の援助内容に含まれる。看護師だけでなく福祉職にある人たちも、お互いに内容は異なると考えているのではないかと思う。目的は同じでも支援の対象へのアプローチの方法は、お互い専門職者としての力を発揮する。チームで協力協働していくためには、共に働く専門職者の見方、考え方を知っておくことが必要と考える。学生という立場で人間的なスーパービジョンを聞くという体験ができることは、自分を看護師としてだけでなく、人間的にも成長させてくれる機会になると実感できる。

○実習は宝のやま

西　松美（G放課後等デイサービス）

まず社会人学生であった私の実習先は、T市の障がい者通所授産施設Aであった。施設実習なので、実習期間のほとんどをこの施設で過ごした。一つの施設で過ごす利点は、利用者、職員の方々、実習指導者に、様々な疑問にぶち当たった時には聞きやすいということもあり、随分助けていただいたと思う。また、利用者の方々にも打ち解けていただけたことを実感した。ただ、必要以上に入り込むことはしないように心がけ、どの利用者にも同じように接したいと考え、実習に臨んだ。しかしながら、コミュニケーションをとるのが難しい方が沢山いらっしゃり、最初は足がすくんだ。いやー困った、困った。しかし、ここでじっとしていては、何も始まらないとすぐに思い直し、自ら「おはようございます。」と、声をかけていくようにしたところ、利用者の方々は物珍しさもあって、すぐに私の周りに集まって下さるようになった。その中には、言葉でコミュニケーションがとれない方もいらっしゃって、いきなり手を繋いできたり、それぞれ個々の伝え方での関わりであった。こうしたことは初めてだったので、自分から行動を起こしたのが良かったと思う。これで最初の一歩が踏み出せたと感じた。

次に、この実習で身につけたいことを考え、実習指導者の方ともしっかりと話し合い、まずは何とかなるではなく、具体的に施設側の計画を教えていただき、そのうえで時間に余裕があれば自分が実習したいと思う場面も伝えた。そして、A施設で立案していただいた内容で実習がスタートしたのである。前半の10日間は、印刷班、軽作業班、製麺班、清掃班に配属された。そこでは、ただ作業に参加するのではなく、作業中の利用者の様子を観察して、日々の作業の中での個人個人のくせであったり、障がい特性による動作等を知ることができ、理解を深めることの難しさよりも、様々なことを知り得ることの出来るチャンスに恵まれた。この配属で私にとって本実習はより有意義なものとなり、後半10日余りは、お一人の利用者と関わりを深める実習で、どの方と関われればよいかというきっかけを作ることができた。

前半の実習では慣れない環境の中で、つい作業に一生懸命になりすぎる時間もあった。途中でふと我に返り、「ここに何をしに来ているんだろう」と自問自答し、思い直すことがあった。さすがに後半に入ると、対象の利用者Aさんと一緒の班になったので、一日の様子を細かく見ることができ、日によっての変動にも気づいていけるようになった。それに、担当の実習指導者の方からのアドバイスもいただけた。もちろん、実習指導者の手の空いた時間には様々な疑問点をメモしておき、一つずつ解決していくようにした。それは明確で、決して命令的でも指示的なものでもなかったので、さすが現場で日々実践していらっしゃる方だと強く心に響いた。こうして良きアドバイスを受けながら、利用者の個別支援計画書を作成し、支援に携わることが出来た。私にとって初めての体験で、興味津々で関わっていくことができた。しかし、実習生には限界があると実感させられた。個人のケース記録は残念ながら記載が少なく、内容が浅く情報が少なすぎた。担当する利用者の方は最近になって移って来られたことを知り、職員の方々との関わりもまだまだ深いものではないと感じた。そこで、実習指導者に相談して、以前から挑戦したかった支援マップを作らせていただいた。そうすることで、利用者Aさんの日常の行動を知るきっかけとなった。また、一緒に作業をしていくことで、同じ作業でも範囲がわかっていれば順番に行うことができて、スムーズに作業をこなすということがわかった。しかし、自閉症の方にとって、どの部分が汚いかといった判断は難しいということも知り、様々な場面であらゆる手段を考え想定し、利用者Aさんにとっての最も良い方法を選択することが大切であることも学んだ。

このようにして、私は実習生としての関わりから多くのことを学んだ。積極的に臨み、知識と経験を蓄えることで、今後は、自ずと良い方向に転じていくのではないだろうか。そんな思いを馳せながら、私にとって宝ものとなったA施設での実習を終えることが出来た。本実習で経験し得た知識は、現在勤務する放課後等デイサービスの児童発達支援管理責任者としての支援にも多いに役立っている。私自身の人生の大きな転機となり、充実した毎日を送っている。

後に続く方々へ、障がい特性については、本やインターネット等で調べてもなかなか理解できない部分も多いと思う。実習先が障がい者施設に決まった時から、町での障がい者の方の様子や、バリアフリー、車いす介助等もよく観察して、ひとつでも多く勉強しておくべきだと考える。そして、事前訪問の時から実習は始まっており、周りの状況や自分が過ごす環境も把握しておきたいものである。加えて、この実習に際し、指導して下さった大学の教授、施設の指導員の方々に感謝している。家族の協力もあり、無事に実習が終了できたことを嬉しく思い、感謝する次第である、

そして、これから実習に行かれます方々へ、最初から自分の考えや思いばかりを通すのではなく、まずは、支援の原点に立ち返り、支援される方にとって何が良いのか、最善の方法を考

えながら日々の実習に取り組んでいただけたらと思う。時には、自分のために実習期間を楽しく過ごせるようにあって欲しいとも望む。

是非、みなさんも宝ものを見つけて下さい。

○社会人学生だから味わえる相談援助実習

枝折　千秋（特定非営利活動法人よりSoy障害児通所支援Yu～Ki）

私は、福祉施設に勤めるなかで、いろいろな疑問を感じ、日々悶々としながら業務をこなしていた。そんな折、同僚に通信教育を勧められ、悶々とする疑問を解決する糸口を探すために通信教育の大学に入学を決めた。

しかし、社会人学生が通信教育（実習・スクーリング）を受けるというのは、想像以上に周りの理解と協力が得られなければ難しいと強く感じた。周りというのは、家族はもちろん職場の上司や仲間、友人などさまざまな方々のことである。私は母子家庭で3人の娘を養っていた。そのため、私の収入が家族の生活を左右するものだったので、勤務先の理解を得ることは重要なことであった。意を決し、通信教育の話を上司にした。上司は、勤務と併用しての通信教育を快く承諾してくれたので、すぐに通信教育に入学届を提出し、無事入学することができた。

しかし、その数日後、やはり実習やスクーリングを受けるための人員確保が難しく、人員確保が難しくなれば業務に支障がでるので、今回の通信教育は考え直してほしいとの話があった。私が通信教育で学ぶことになれば、勤務先への影響が出るのは確かなことで、上司の気持ちは十分に理解できた。しかし、その時、私は福祉に対する疑問が膨れ上がっていたため、通信教育を考え直すことはできず、職場に辞表を提出し、退職した。退職後は通信教育の理解を得られる職場を探し、再就職した。再就職先では、通信教育の了承を得ていたので、スクーリングや実習も快く受けることができたが、職場への負担はゼロではなかったので、私が職場のみんなに迷惑をかけていることに胸が痛んだ。今思い返しても職場の上司、同僚の皆、私が学ぶことに笑顔で業務を引き受けて下さったことに感謝している。その気持ちにこたえるためにも、スクーリングなどは有休をあまり使わず、公休をスクーリングにあて、勤務に支障があまり出ないようにした。実習は長期であったため、公休を使用し、不足部分は有休を利用せざるを得ず、職場へ多大なる負担をかけたことには、本当に申し訳ない気持ちでいっぱいになった。

社会人学生は、学生一本ではないため我慢・申し訳ない・不安などのマイナス要素の心が発生する。学びに没頭することができないのが社会人学生のつらく苦しいところだが、私はそれがかえって人生の飛躍のバネとなり人生磨きとなり、つらくもあったけれど、今考えると楽しかったように思う。学生時代には無かった楽しさが社会人学生にはあり、社会人学生にしかない苦悩がたくさんあり、それが社会人学生の醍醐味でもあるのかと思う。

次に実習中に生じた問題や悩みは、要領が良くない私にはたくさんあった。一つ目は、実習担当者が多忙なため、実習記録を提出しても返却されない状況が多かった。そのため、毎週行う帰校日指導での実習指導教員との振り返りを、実習日誌に沿って行うことができなかった。帰校日に実習日誌を持参し、実習指導教員に確認していただきながらの振り返りを行い、その中で実習日誌の記入の仕方を学んだり、実習の視点の修正と指導などのスーパービジョンを受けることで、更に深まった実習になっていたのではないかと感じる。しかし、実習日誌が返却されないほど実習担当者は多忙であることを知ることができたし、素晴らしい施設での実習をさせていただけたので感謝している。

二つ目は、実習の基本的な流れを事前指導のスクーリングで指導を受けてはいるが、実際の実習とは違うことが意外と多くあり、戸惑うことがあった。例えば、実習のスケジュールが提示され、それに対して事前に実習目標を立てるということだったが、事前に実習スケジュールの提示がなかったため、実習目標を立てることが難しく、日々実習の視点がずれていないか不安であった。しかし、プラスに考えると、実際の現場は実習のように事前に準備されている支援を行うのではないので、これも実習であると考え、乗り切った。

三つ目は、利用者とのコミュニケーションの難しさである。利用者の背景に囚われすぎたり、聞きたいことに視点がいきすぎたりと、なかなか難しいものがあった。しかし、実習生だからこそ聞けることや話してくださることもあり、利用者の生の声もたくさん聞かせていただき、座学では学べない多くの学びを得ることができた。このようにしっかりと利用者と関わらせていただけたのも、実習担当者の方が利用者との関りを制限せず、逆に実習外でも利用者と関わる環境を承諾して下さったことや、利用者ファイルを十分に閲覧させていただけたこと、実習時間にとらわれずさまざまな会議やミーティングに参加させていただけたことによって、利用者への理解をより深めることができた。実習先施設の理解が、実習を深める気がする。そのためには、私たち実習生の資質も問われるため、社会人学生としてしっかりとした学ぶ姿勢と秩序を守って、実習に取り組まなければならないと思う。

次に実習中のよかったこととして、帰校日に行われる実習指導教員との振り返りである。実習前は、毎週行われるという帰校日に対して、半ば面倒な意識があり、心の中では、「そんなに毎週なくても巡回指導だけでよいのに」と思っていた。しかし、毎週行われる帰校日を経験して、帰校日の重要性を強く感じた。私は実習中に、やはりふつふつと湧き上がってくるさまざまな疑問や課題で悩んでいた。それに対しては、自分自身だけで解決するのは困難なことであった。そんななか、帰校日指導と巡回指導は私にとって救世主の日だったのである。帰校日と巡回指導日には、実習指導の先生が、実習生としっかりと向き合って下さり、どんなに些細な疑問や悩みでも耳を傾け、一緒に考え、悩んでくださった。悩みは解決できることもあれば解決できないこともあったが、悩んだり、失敗したことを聞いてもらえることで、実習中の精神面を保つことができ、それが実習への原動力や実習の視点や思いを見失うことなく学びを深め、最後まで実習をやりきることができたと思う。

それ以外に、レポート作成（勉学）と仕事、子育て、家事をバランスよく進めていくことも悩みであった。これは、かなりの至難の業で、大学4年間の休日は、90％勉学と10％家庭サービスにあてていたように思う。子どもたちにも、寂しい思いをさせていたかもしれないが、子どもたちは私のそんな姿を、うれしそうに見守ってくれていた。くじけそうなときには、友人や家族が励ましてくれたおかげで、つらいこともたくさんあったが乗り越えることができ、無事、通信教育の大学を卒業することができた。きっと、人生の中で社会人学生であった時が、精神的にも体力的にも一番辛いときであったような気がする。しかしそれ以上に、大学で学ぶ一つひとつで私の中で絡まっていた疑問の糸がほどけていき、楽しくて仕方がなかった。学ぶことがこんなに素晴らしいことであることも、人生初に感じたような気がする。

たくさんの素敵な教員、社会人学生との出会い、その中での勉学、勉学の場以外でも多くの学びをさせていただいた。そうしたなか、以前から思い描いていたことだが、得た知識が何かの役に立たないかと、また考え始めた。その思いを抱いているとき、偶然にも重症心身障害児通所支援を立ち上げた理事長との出会いがあった。その理事長との出会いによって、この知識を世に役立てたいと強く思い、通信教育卒業年度から重症心身障害児通所支援の立ち上げに取り組みはじめた。法人設立のため、わがままとはわかっていながら、勤務していた職場に退職届をその年の春、提出した。設立までは派遣等を通してぎりぎりな生活でしのぎ、その年の冬に特定非営利活動法人を設立し、翌春、重症心身障害児通所支援（放課後等デイサービス）を開所、また次の年には重症心身障害児通所支援（児童発達支援）を開所した。知識を得たことにより、大きな力となる糧を生み出し、現在、通所事業所を開所し、学んだことを柱に、寄り添った支援ができる施設創りに取り組んでいる。

今後は、社会人学生で得た多くの知識を、より深めて日々邁進していきたいと思っている。法人理念である「全ての子どもたち、そして家族が未来に向かって笑顔で歩める地域創り」に貢献していきたいと考えている。

これも、社会人学生を経験できたからだと思い、皆様に感謝致します。

4　社会福祉協議会での実習生

○住み慣れた地域で暮らすために

桐本　芳枝（Y福祉会）

「社会福祉士になりたい。」、そう思うきっかけとなった出来事があった。

剣道の恩師が、脳梗塞により不自由な体になってしまったのである。今まで普通に生活をされていた先生の日常は、今後、「どのように暮らしていくか。」という大きな問題を抱えての生活にかわってしまった。「私は、恩師に何をすることができるのか。」という交錯の答えが、『学ぶ』というきっかけを作ってくれた。そして、大学での2年間の学びは、私にとって今を見直す大事な2年間となった。また、福祉臨床学科の履修科目の中で、現場を体感できる相談援助実習は、私にとって大きな習得であったと言っても過言ではない。

相談援助実習が始まる前、「仕事をそんなに長く休むことができるのか・・・。」という大きな不安はあったが、職場の理解を得ることができ、また実習先が、地元の社会福祉協議会ということもあり、家族の承諾も得ることができた。職場・実習先・家庭には、私のわがままを受け入れてくれたことに、本当に感謝している。

相談援助実習が始まり、『主体』という動きの重要さを感じさせられることとなった。そして、記録の『客観性』の難しさを実感することとなった。私が勤務する介護現場では、『利用者主体』

ということが掲げられてはいるが、実際、介護する側が先に動いてしまい、それを実践化することは、なかなか難しい。介護される側は、生活を「選択する」というより「選択させられている」と言ったほうが正解かもしれない。そんな介護の現場にいる私にとって、社会福祉協議会の地域に働きかけとしての『住民主体』は、大きな学びとなった。自分たちが先に動かず、目的を提示する。そして、地域福祉委員やボランティアを中心に活動を進めていく。あくまで後方支援の姿勢は、『住民主体』という意味そのものであった。また、地域福祉委員やボランティアも、自分たちが住む地域のために一生懸命、自発的に活動している。住み慣れた地域での、日常の何気ない暮らしは、『自分たちが主体』でなければ成り立たない。決して、与えられているものではない。『地域福祉』の重要性を実感した学びであった。

そして、実習記録における『客観性』の難しさについても同様である。どうしても自分の主観が記録に入ってしまう。第三者が見て、先入観を与えてしまう記録は意味がないのである。記録のブレを修正する機会は、私にとっては帰校日であった。客観的に表現できていない箇所や、具体性を帯びていない箇所の指摘と指導を直接受けることができる。そしてなにより、久々に教授と会え、ホッとすることができた。自分自身をリセットする機会と『自己覚知』の必要性を再確認できる機会を、帰校日は与えてくれた。

長い相談援助実習が終わり、『主体』と『客観性』を今後の課題にもち帰った私であるが、日々、仕事に追われている介護の現場において、『主体』と『客観性』を目標に行動すると、大きな波紋を現場に招くこととなる。実際、ケアマネジャーや生活相談員と介護の現場とでは、大きな確執がある。また介護の現場内にも確執がある。理想と現実という大きな問題が両者を隔てているように思える。「なぜプラン通りにいかないのか。」と問えば、「思ってもできない現状がある。現場をまわすだけで精一杯。」という介護の現場。両者水掛け感情論へと発展する。同じ『利用者主体』の目標を掲げていても、感情論が入り込んでしまうと、『利用者主体』の位置が、『自分主体』『現場主体』へと変化していく。看護職が加われば万事休すである。利用者への目的が同じであっても、プロセスの違いで不協和音となる。よくある介護の現場の現状であるが、周りに流されず、周りに屈することでもなく、『自己覚知』を学んだ現在、そのような現状も受け入れることができるようになったと思っている。必ず『利用者主体』を心に留めていることが重要ではあるが・・・。

私自身、神戸親和女子大学の福祉臨床学科に編入する当初、長年携わっていた経理職から、介護現場職へ異動させてもらえることとなった。「事務職に何ができるのか。」という冷たい視線の中、「とりあえず仕事を覚えよう。」と必死に務めたことを思い出す。そして、現場のしんどさは身をもって経験することができた。経験することにより、その職を理解することができた。その結果、社会福祉士より介護福祉士の取得の方が先になってしまったのが現状である（未取得の言い訳にならぬよう、乞うご期待)。また、記録に於いても、文章表現が苦手な現場職員もいる。「面倒くさい。」、「時間がない。」のアレルギーも続出する。『客観性』以前の問題で、言葉の表現が出にくいのである。とりあえず文章を書くこと。私自身も実践して書くことで、自分自身、そして、周りのレベルアップにつながればと思い、現在進行形である。

最近私は、『人間性』という言葉に深く考えさせられることが多々ある。私たち社会人学生は現役生よりも、少なからず人生経験・社会経験がある。理想と現実の狭間や、人と人の確執等に悩まされた経験ももっているはずだ。悩むということは、それにより導き出される結果も、中身の濃いものとなって蓄積されているはずである。特に、相談援助に関しては、その経験と人間性を兼ね備え、対応しなければならない。現場の状況も客観的に受け入れ、時間をかけ変えていく寛容さを、私たちは備えていなければならないと思っている。「すぐには変えられない。」、「今は無理。」と言い切るのではなく、現状そうであっても、「すぐには変えられない。けれど、私はこうしていきたいと思っている。」、「今は無理。でも、近い将来にはこんなふうになればと思っている。」という、現状に逆説がつく未来性のある言葉をもって行動したい。『自己覚知』の学びは、利用者だけでなく職場に対しても同じである。今後も忍耐強く行っていきたい。そのように思えるのも、経験等をもちながらにして学ぶことができたメリットだと思っている。『福祉』とは『幸福』という意味がある。『幸福』とは、ハッピーなことではなく、普通に暮らすことができる毎日のことだと思う。普通に暮らすことが出来なくなったとき、人は『福祉』を必要とするのだと思う。だからこそ、私たち福祉の現場は、『人間性』を大事にしなければいけない。その人の人生は、その人のものである。住み慣れた地域で暮らし続けていくために、私たちができること、それは、決して答えを教えることではなく、選択肢となる情報提供であり、見守る目という安心感であると私は思う。社会人で大学生となり、地元の社会福祉協議会での相談援助実習は、私にとって地域を見直す良い経験と人間性を養う大事な経験であった。先日息子に、「あなたにとって故郷ってどこ？」と尋ねたら、地元名が返ってきた。東京で育った私も、今住んでいる地域での生活の方が長くなりそうである。私を信頼してくれている地域の方、恩師や家族のために、少しでも地域福祉を支える力に貢献できたらと思っている。

最後に、今を変えたいと思っている貴方へ。

編入後の2年間は、最初は長く感じるが、あっという間に過ぎてしまうと思う。しんどい時は、きっと同じ志をもつ学びの友が、勇気を与えてくれると思う。そして、『今までの自分ではない自分』に会うことを目的に頑張って学んで欲しいと思う。現役学生にはできない、社会人であるがゆえの学びの満足感と充実感、そして、今後への希望がきっと貴方を待っている。

○縁・巡り　繋がり　辿り着いたところ

森尾　眞也子

　保育士として働いていた私は、受け持っていた児童の母親からの虐待による措置をきっかけに、社会福祉士を目指すことを決意した。妊娠を機に一度は離れていた保育の現場だが、母親となって働き始めて間もない頃だった。同じ子どもをもつ親として、子育てにストレスを感じる気持ちは全くわからないわけではない。しかし、わが子に手をかける母親の気持ちを考えたとき、そこまで母親を追い詰める前に何かできることはなかったのかと悔やんだ。

　働きながら学べる通信での学び、学校選びが始まった。仕事、子育て、家事、自分のするべきことに無理がない範囲での勉学、不安はたくさんあったが、勢いだけで入学し、その後、半年間は何からどう始めていいのかわからず、何もできないままの自分がいた。その中で、毎月送られてくる親和通信は、学生であることを感じ、学びの場があることを思い出させてくれた。やる気を取り戻し、勉強をするなかで、それまでは児童福祉にしか関わったことがなかった私は、高齢者福祉、障害者福祉、そして、地域福祉と多様な福祉の現場を知り、福祉の幅の広さ、奥の深さを知ることとなった。スクーリングでは同じように働きながら学ぶ仲間ができ、社会人としてもたくさんのことを学ぶ機会となった。2年で卒業する予定だった学校は思うように勉強が進まず、焦りから、とりあえず単位をとることを考えた時期もあったが、思い切って１年留年することで余裕ができ、参考書にもきちんと目を通すことができた。そして、すべての単位を取得し、最後の仕上げとして挑んだのが相談援助実習だった。

四国に住む私の実習先は、自己開拓だった。実習先として一番に浮かんだのは、もちろん児童養護施設であった。社会福祉士を目指すきっかけであり、目指していた場所である。しかし、高齢者や障害をもつ方への支援にも興味がでてきた私の中には、小さな迷いがあった。そんななか、自宅から一番近い児童養護施設に実習の申し入れをし、受け入れ可能の返事をいただいた。仕事のことを考え日程を調整している時に、偶然会ったのが社会福祉協議会で働くＮさんだった。まだ保育士になりたての頃、受けもっていた男児の父親である。看護師として忙しく働く母親に満たされない思いを抱えていたその子に、できる限りの愛情をもって接した。そのことを充分に感じてくれ、ありがたい言葉をいただいたこともある。十数年ぶりに会ったＮさんと近況を話すうち、それならば、社協に実習にこないかという話があり、私の中の小さな迷いが大きな迷いへと変わった。しかし、Ｋ市の社会福祉協議会には児童福祉の分野がない。今後も児童に関わっていたいという思いがある私には、「実習先として適していないのではないだろうか・・・。やはり最初の予定通り、児童養護施設での実習で話を進めよう。」と、そう思うのだが何かひっかかる。悩んだ末に、私が出した結論は、社会福祉協議会での実習だった。

それは、このタイミングでNさんに会ったことに意味を感じたこと、そして、自分の視野を広げるいい機会だと思えたことだった。

いざ実習が決まると、社会福祉協議会は土曜日が休みであり、カリキュラムが変わったことにより週に一度の帰校日指導が入ったことなどから、実習期間は長くなり、月をまたぐこととなった。そのため、職場に迷惑をかけてしまうことを考え、思い切って退職をした。それは、保育士不足が問題となっている今、仕事は、またすぐにみつかるという思いがあったからできたことだ。資格があるということは強みである。この実習に妥協はしたくなかった。本実習ではいろんな出来事があった。振り返って感想を一言でいうと「心が疲れた。」、そんな言葉がでてくる。自分の知らない、でも、自分が暮らす地域にある様々な出来事を知り、何度も涙を流した。そして、福祉とは人を思う気持ちのうえにあるものだと、改めて感じた。

実習先を社会福祉協議会に決めたことを間違いではなかったと強く思った。保育士は福祉職だと言いながらも、私には障害をもつ大人の方への理解がなかった。学生の頃、竿のようなもので叩かれ、追いかけられた経験から「怖い。」とすら思っていた。脳性まひの方は知的障害もあるものだと、決めつけていた。しかし、障害者デイサービスで出会ったAさんには何度もオセロで負け、車いすのBさんには頑張るようにと励まされた。そして、一番の大きな出来事は、社会福祉協議会の職員であるKさんとの出会いである。片麻痺の障害をもつKさんが生きてきたなかで傷ついたことやうれしかったことなど、たくさんの話をうかがった。涙を流しながら聞き終わった後、私の中の偏見のようなものはきれいになくなっていた。よだれをハンカチで拭きながら、一生懸命話すKさんを素敵に思った。

28日間の実習を終え、私が仕事として選んだのは障害をもつ児童のデイサービスである。実習をする中で思ったのは、生活困窮で福祉サービスを受ける方や、成年後見制度を利用する方の中には　障害をもつ方が多いということである。そして、虐待をうけた児童にも、障害をもつ児童が多いということである。障害者福祉と児童福祉は別物ではなく、社会的弱者といわれる方々や、社会の中で問題を抱え生きづらさを感じている人に、必要な支援を行うことは、地域福祉、社会福祉等すべてが繋がっていた。私が働く職場には、比較的障害が軽く、身体に障害をもたない子どもたちが通ってきている。家庭環境に問題がある子や、親御さんも障害をもっている方も多い。児童を含めた家庭支援が必要とされているのである。特別相談支援事業所の支援員や学校教員、時には、医療機関の医師と情報交換をし、連携を取りながら支援をしていく。とてもやりがいのある仕事である。保護者とのやりとりに頭を悩ます日もあるが、やっとやりたいことをみつけたような気がしている。これも社会福祉協議会で様々な現場を見せていただき、経験できたからこそだと思う。

この原稿を書くにあたり、実習ノートに目を通した。久しぶりに手に取った実習ノートには、私の成長の記録が残っていた。嬉しかったこと、不安になったこと、疑問に思ったこと、感動したこと、その日その日に思ったことが書かれていて、すぐにその場面を思い出すことができた。これからも福祉に携わっていきたいと思う私の栄養剤である。これから実習をされる皆さんも、実習ノートには正直な思いをつづり、いつかまた読み返したくなるノートであるようにと思う。そして、一社会人としてのふるまいを大事にしながらも、一学生であることを忘れずに、24日間が短かったと感じられるような中身のつまった実習にしてほしいと思う。

5　病院での実習生

○社会人実習生として

吉川　礼子

私が暮らす地域は、島根県と広島県の県境にあり高齢化率43％の山間の町である。この地域で勤務をしながら、高齢者世帯が生活を維持していくことの困難さを体感し、何かの折に役立てることができればという思いから、このたびの相談援助実習に至った。

まず、実習に臨むにあたり職場の上司の理解は必至で、私の場合は入学前に相談し、理解を得ていた。さらに遠方であるため、大学が提携する機関での実習は、時間や身体的に不可能である。自己開拓しかないと思いながら上司に相談したところ、知人に連絡することができ、実習受け入れを承諾していただいた。その実習先を選んだ理由は、県内唯一の大学病院であり、私の町の住民も利用する機会があり、退院支援や転院のつながりがあること、そして、私の町では社会資源や症例も少ないが、本実習先ではより多岐にわたる症例があり、実習での経験を多く活かすことができると考えたためである。実習受け入れを承諾していただいた後は、本実習に向けての連絡調整が必要である。実習担当者に連絡をして、文書のやり取りも含め何回か実習先へ出向いた。電話は担当者が不在であることが多く、面会時間もスケジュールの合間をぬって時間を作って下さるのだが、私自身の勤務との日程調整が困難であった。私の場合は、早めに実習の受け入れに対する相談と承諾を得ることができ、調整には時間的に余裕があったので、準備時間をもつことができたと思う。他校の学生と実習が重複していたが、その実習生は受け入れ先が見つからず、最終的に本実習先の受け入れが実現したと聞いた。そのときも、早めに受け入れ先に打診しておくことが大切であると思った。

いよいよ実習が始まってしまうと、1日が目まぐるしく過ぎ、1か月半があっという間に終わってしまった。課題や記録等、思うように捗らないことが多いが、とにかく健康管理が一番大事である。私の場合は県内でありながらも、実習先が約60km離れており、実習機関内の宿泊施設を使用させていただき、週末に自宅に帰るという実習中の生活であった。体調を崩して実習を休むことになっては、せっかくの機会を失ったり、実習期間に変更が生じたりと、実習全体が大きく滞ることになってしまう。できれば、実習時期も気候の良い時期であれば、体調管理もしやすいのではないかと感じた。私は当初は実習時期を7月としていたが、実習先の都合で9月に変更となり、自分の体調管理上、それがかえって良かったと思う。また、実習現場はとにかく多忙で、実習指導者の方が慌ただしい職務の中、私たちに時間を割いて指導して下さり、本当に申し訳なく心苦しかった。それでも、後継者育成の使命をもってかかわってくださる姿勢に、実習の重さを実感した。

次に、週に一回の帰校日指導は、実習中の毎週木曜日に神戸の三宮教室まで通わなければならなかった。指導は1、2時間程度だが、島根県からは交通機関の都合があり、実習よりも早い時間から出発し、帰宅は20時を回ってしまう。翌日の実習の準備等があれば、身体的な負担は大きかった。しかし、実習期間中の息抜き・気分転換につながり、良い面もあると思った。

日々の実習では、カンファレンスや面談の場に同席させていただき、相談援助技術の実際を見せていただくことができた。それまでに講義やテキストで学んだとはいえ、実感は湧かず理解するにはほど遠かった。しかし、実習で「主体性の尊重」、「人と環境の接点に介入」等、次々と事例を通して体験させていただき、その意味を理解することができたように思う。言葉はわかっても、理解できていなかったということを、改めて知った。主体性については、クライエントにとって良いと思われることは、関係スタッフが良いだろうと考えることと、本人が希望することが同じとは限らない。むしろ異なっている方が多いこともわかった。いくら専門知識をもつスタッフが考えたことでも、本人や家族にとってはそうでもないということが意外に多いのではないかと感じた。クライエントや家族の話を聞き、生活・想いを理解することがどれほど大切かを学んだ。クライエントに寄り添うことは、当人の想いを理解し、その代弁者になることである。病院では、医療を提供するスタッフと、受けるクライエントがいる。ソーシャルワーカーはその両者の間にいながらも、クライエントの側で医療の受け手側に立つことであり、代弁者とならなければならない。それまでは、ソーシャルワーカーの役割について、知識と技術を身に付け、クライエントにとって利益につながるであろう方向性を示していくことであると、ぼんやりと考えていた。それが、実習でクライエント主体や寄り添う姿勢を目の当たりにし、テキストや講義で教わったことをようやく理解することができた。この実習がなければ誤解したままで、いつまでたっても理解するに至らなかったかもしれない。ソーシャルワーカーは、クライエントとその家族の話を直接聞き、生活者としてクライエントを捉え、そして「こころ」と「からだ」と「くらし」をアセスメントする。クライエントとその家族の想いを大事にしながら「本当のニーズは何なのか」をアセスメントする視点を学ぶことができた。目の前で事例が展開される様子から、人と環境の接点に介入すること、気持ちと暮らしの専門家としてクライエントに向き合うことの大切さをしっかりと学ぶことができた。このたび実習記録を読み返すと、実習指導者のスーパービジョンが、ソーシャルワークの学びの凝縮であることがよくわかる。私にとって相談援助実習は、２年間の学びの要であり、根幹になったと感じた。

通信教育でどこまで学びが身につくのか、自分の力も乏しい中で半信半疑の部分もあった。さらに実習も１か月半という期間を乗り切ることができるのか、40歳代の自分には自信もなかった。こうして振り返ってみると、実習先の実習指導者の方をはじめとするスタッフの方々は、自身の業務が大変な中で私たち実習生を受け入れて下さったこと、特に、実習指導者は実習生に合わせて休みも控えておられたのではないかと思う。また、職場の上司やスタッフ、家族等、自分を取り巻く多くの方々の理解や協力のもとで、この実習を終えることができたと感じている。ソーシャルワーカーという役割における、「こころ」、「からだ」、「くらし」を支えることができるよう、今後さまざまなかたちで地域に還元していきたい。

最後に、これから相談援助実習に臨まれる方に2点お伝えしておきたい。

実習中に何度かソーシャルワーカーの倫理綱領に触れる機会があった。倫理綱領はソーシャルワーク実践の拠りどころであり、実践で壁に当たった際は、倫理綱領に立ち返って考えることが大切であることも教えていただいた。是非、実習前には熟読して臨まれることをお勧めしたい。また、実習ではたくさんの体験をさせていただいたが、実習を終えたからといってすぐに実践できるものではなく、あくまでも経験のひとつである。その経験を、今後の場面でひとつひとつ熟成しながら、本当の自分の技術として積み上げていくものではないかと感じた。実習で指導を受けながらもうまくできなかったこと、理解できなかったことは、その後の自分の体験で繰り返し、振り返りながら、少しずつ習得できていくものかもしれない。実習はスタートではなく、実習を終えてから自分がどんなことに思い当り、何を感じたのか、そこからが本当のスタートになるのではないだろうか。

実り多い実習となり、すてきなスタートに立たれるよう、前向きに取り組んでいただきたい。

○実習を通じて

S・I

再び、大学で学びたいと思ったのは、同僚の社会福祉士の視点や分析力に学ぶところが大きく、私もその力をつけたいと思ったことと、私が教育を受けた頃に比べて、社会福祉分野での利用者への関わりの変化を感じて、現在の支援の捉え方を学びたいと思ったからである。しかし、仕事で体調を崩し、通信教育を学ぶうえで体調との兼ね合いが必要であった。実習前から、体調がもつかが一番の心配であった。ご指導いただいた先生にも実習先にも、気になる点をお伝えして、実習を開始した。実習指導者と実習指導教員には、実習の指導に加え体調面でのアドバイスもいただき、なんとか実習を終えることができた。

私の実習先は、急性期病院だったので、医療処置が終了すると患者の方は退院される。そのため、ＭＳＷ（Medical Social Worker 医療ソーシャルワーカー）は、入院当初より退院する時の生活を模索する。ＭＳＷの仕事は多いが、患者とその家族に寄り添いながら、病院内外の専門職と連携されていることは大きな学びとなった。病院という場では、医療の知識も必要であり、務める病院職員のそれぞれの専門性を知らないと連携はできない。それと共に、社会福祉士として資質が大事だと改めて気づいた。患者と社会資源を結びつけるために、制度や施策の理解や地域性を知ることはもちろんだが、患者の方々に信頼してもらうための援助ができなければ、患者それぞれの自立支援はできない。実習中は、制度や病気や障害などの理解ができていないことで、患者にどの制度が使えるかということがすぐにイメージできなかったり、患者との関わり方がわからず、消極的になってしまったりということばかりであった。そうしたなかで、ＭＳＷの関わりから学ぶことが多く、それを実習ノートに書こうとしても、学んだことをどのように書いてよいかわからず、日々頭を悩ませていた。また、「考察をするように」という指導にもかかわらず、実習ノートを書くことは実習中の苦労の一つであった。

実習を通じて学んだことはたくさんあるが、知識と対人援助技術の大事さ、自立を支援するということ、そして、私自身の特性を知ることができたことは大きかった。私自身は、障害者に長年関わってきて、利用者自身の選択をしていただくにも、あらかじめ選択の幅を狭めざるを得ない状況に置かれることが多い。私自身に「してさしあげたい」という気持ちがあり、もしかすると、ご本人ができることであっても、過剰に手助けしてしまう可能性があることにも気づいた。また、実習を通じて、病気が悪くなることを知りながら、その原因であることをやめられなかったり、生活に困るのに浪費したりする方に対して、「どうしてそんなふうにするのだろう」、「身体が大事なのに」、「生活が苦しくなるのに」というように思っていた。だが、それは私の価値観であり、患者の自立を支援するためには、私が受け入れ難いことであっても、その方がそうしたいという気持ちや背景を受け止めることから始めることが大切だということを学んだ。

実習の一番の反省は、実習が始まるまでの事前学習が十分にできていなかったことである。そのため、ご指導いただいたＭＳＷのおっしゃることを、日々書き留めて調べることが必要であった。事前学習をもっとしておけば、相談援助の深い部分まで学ぶことができたのではないかと後悔している。

最後に、高齢者や障害者施設等で勤務されている方は、相談援助実習免除が可能な場合もあるが、自分自身の傾向を知ることができ、学びと実践をつなげたりする場として相談援助実習は、できるだけ受けることが、その後の実践の場で役立つと思うのである。

第3章　成長する社会人実習生

1　通信教育で学ぶ社会人学生

続々と送られてくる元相談援助実習生からの原稿を受け取ることができる私は、なんと幸せな教員なのだろう。「社会人として学びを深める学生さんの姿をぜひとも紹介したい。」という私の思いがどんどん現実に近づいている瞬間である。通信生一人ひとりが、それぞれの熱い思いをもち、通信教育という学習形態を選び、社会福祉士を目指して1か月以上の時間を要する相談援助実習に挑んだ。本学の通学部は女子大学だが、通信教育部は男女共学として創設された。通信教育部開設当初に「お父さんも女子大生！」という私のお気に入りのキャッチコピーがあった。それでも、大多数は女性の学生である。通信教育という学習環境を選択し、性別、年齢、職業等を問わず、社会福祉を学ぼうという学生の出願が続いた。1年生として、あるいは、編入生として、社会福祉の勉学を始めようと入学してきた社会人学生の多くは、社会福祉士国家試験の受験資格を取得するという共通の目標をもっている。すでに社会福祉の現場で活躍する学生、まったく初めて社会福祉を学ぶ学生、様々な職業の学生、家庭や職場との両立に努力する学生、育児や介護の経験がある学生、スクーリングに遠方から通う学生、個性的な人生経験を有する学生、異職種から社会福祉の重要性に気づいた学生、もっと自分のスキルを磨こうとする学生等、社会人学生の特徴を挙げればきりがない。

そうした通信生がまずぶち当たるのが、レポート提出ではないだろうか。提示された課題にそったレポートを、提出期限までに何科目も提出しなければならない。レポートを提出しなければ科目修了試験も受験できない。作文ではなく、エッセイでもない客観的で論述的な文章のレポート作成の技術は、社会人だからとしっかり身についているわけでもないようだ。いくつかのレポート科目も担当している筆者だが、課題への理解力や作成した文章力等についての注意や助言を加えながら、提出されるレポートへの指導を行っている。このレポート作成の技術は相談援助実習においても「記録」の力として活かされることとなる。今回の卒業生の声にも記されているように、実習中、毎日提出が義務づけられている実習ノートへの取り組みに苦労する実習生は少なくない。通学生の場合は、実習前・中・後を通して、授業中以外にも大学の研究室での個別指導や、学内での声掛け等記録に対する指導を加える機会がある。しかし、通信生にとっては、関係・必要書類等の指導は郵送が主のレポート指導に加え、実習開始まではわずか2日間のスクーリング指導、実習後は1日のスクーリング指導という限られた機会しか確保できない。そのため、通信教育の学習形態の特徴であるレポート提出に対して、実習関係の科目だけでなく、あらゆる科目で日常的にスキルアップを目指して取り組んでほしい。記録の技術や知識は練習回数によって向上する。実際に、実習開始前と実習開始後、さらに実習終了後では、実習生の文章能力が目を見張るほど高まっていることを実感する。それは、指導教員だけでなく、実習先の実習指導者や職員、そして、なにより実習生本人が感じている。「文章を書くのが苦手で・・・」という言い訳は、社会福祉士には通用しないであろう。

実習開始前から、あるいは通信教育部の学生となった時から、レポート作成のスキルを磨き、高めることは始まっているといえよう。その結果、こうして上達した卒業生の文章を第2章で掲載できるのである。

次に、もう一つの通信教育の大きな特徴として、スクーリング科目への取り組みがある。

日々、ただ一人、黙々と孤独に取り組むレポート科目とは異なり、同じ通信生が集う場でもあり、直に教員から対面指導を受けるスクーリングは、通信生の楽しみでもあるようにさえ感じる。実習関係のスクーリングに限らず、他の科目を担当する場合にもそれは同様で、学友と楽しそうに授業に取り組んでいる姿は、教員にとってでも嬉しいものである。しかしながら、スクーリングの授業は、同じ科目が連日行われたり、2回に分けて行われたり、週末であったり、平日であったり、実施時期が集中したりというように、科目によって異なるし、学生は複数のスクーリング科目を受講することとなるため、レポート科目とは違った時間調整が必要となってくる。また、スクーリング会場が本学2か所、いずれも神戸市内であるため、遠方の学生にとっては宿泊を兼ねた時間の確保も必要である。毎回の交通費や諸経費は学生の自己負担であり、通信教育部に願書を提出した段階で、そうしたことは把握して納得済みではあるが、やはり、現実問題として負担を感じている学生もいる。その反面、教員からの対面授業によりテキスト内容の理解をより深め、すぐに質問や疑問を投げかけることにより問題解決に直結する、通信生としての情報交換の場として活用できる等、スクーリングの効果も計り知れないものがある。これは、前述の記録に対する能力に加え、対人援助を学ぶ本学科の学生として、コミュニケーション能力の上達にも関与しているのである。相手の話を傾聴し、受容できる専門的技術を知らず知らずのうちに身につけている。もちろん、授業の内容によって対人援助の知識と技術を習得しているけれど、日常生活がソーシャルワークであると確信している筆者にとって、スクーリングの日常のなかにも学ぶべき、学ぶことができる相談援助のヒントは多い。

通学生とは異なるレポートとスクーリングという両輪の学習をより高めながら、通学生と同様の相談援助実習に取り組み、通学生に比べ高率の社会福祉士国家試験合格率を誇る通信生、社会人学生にエールをおくりたい。

2　相談援助実習生としての社会人学生の取り組み

通学生とは異なる学習形態でありながら、相談援助実習に関しては実習先や実習期間、実習指導や実習内容等については通学生とほぼ同様の通信生は、社会人実習生としての特性も有している。

まず、現在または過去に社会福祉分野を経験している社会人実習生にとっては、その経験が実習に活かされることが多いのだが、場合によっては実習生として適切に活かされないこともある。実習生が勤務する、あるいは経験した分野と実習先との専門性の違い、実習生としての視点でなく職員としての視点のもち方、実習先での利用者や職員への対応の仕方等については、実習指導者から「実習生として不適切な点もみられる」との指摘もあり、実習指導教員が個別に指導を加えることが必要となる。これまでに培った実習生の考えや思い込みを修正したり、新たな指導を進めたりするのは、通学生よりも労力を費やすかもしれない。しかし、そうした指導を受けた社会人実習生のほとんどは、時間を要しながらも指摘されたことに気づき、悩みながらも指導を受け入れ、実習後の成長につなげている。社会人学生といえども、柔軟な考え方、素直な指導の受け方が相談援助実習の有益な成果に表れている。

これとは逆に、これまで社会福祉分野への関与がなかった、または少なかった社会人実習生は、社会人経験のない通学生と同じように不安や戸惑いが多いまま、実習を開始することになる。しかし、実習先は通学生と違う社会人の実習生として対応する場合もあり、期待される実習生として学生の負担が増すこともある。そうした際には、実習指導教員が実習生の状況を実習先に説明し、今後の指導内容を再確認する。その結果、実習先も理解して下さるし、実習生も落ち着いて実習に臨むことができる場合が多い。実習先からは、「社会人学生といえども、多様な実習生が社会福祉士を目指していることが理解できた。」というご意見もいただく。

さらに、社会福祉現場の経験の有無にかかわらず、職場と家族からの理解と協力が不可欠なのが社会人実習生の特徴でもある。まず、職場の理解と協力であるが、通信生として社会福祉士の学びを始めたことを入学当初から上司や職場に伝える学生もいれば、実習実施が確定してから有給休暇対応など職場の理解を求める学生、実習オリエンテーション時に日程調整する学生、残念ながら職場からの理解を得られず実習を見送る学生、そして、休職や退職という事態を招きながらも実習に取り組む学生等、様々である。いずれにしろ、実習指導教員としては、職場の理解は早めに得ておくことを実習ガイダンスでは強調するし、社会人実習生もできるだけ職場に迷惑をかけず、人間関係も悪化させない方法を模索して、実習開始に結び付けようと努力している。職場からの理解を得て実習に臨んだ場合は、実習中ならびに実習後も実習生のスキルを磨くだけにとどまらない。職場の意識向上にもつながる事例もあり、同じ職場から新たに通信生として本学へ入学する社会人学生もいる。社会福祉現場のみならず、一般社会に向けても社会福祉士の活躍を示すことになるであろう。

次に、家族の理解と協力である。通学生も多様な家族の一員として実習に取り組むことになるが、子育てをしながら、仕事をもちながら、家族の介護を担いながら等社会人実習生の生活背景もまた多様である。実習生が実家に育児の手助けを頼んだり、配偶者や子供が家事や家庭での役割を多く担ったり、職場のシフト調整に苦慮したり、実習中のサポート体制を整えたり、場合によっては実習のための宿泊の対応に追われたり等、実習生から直接、そうした内実が明かされることもある。

受験生の親として気がかりをかかえながら実習先に赴くとか、実習生本人または家族の体調不良で実習期間の延長があったり、その日の実習終了と共に職場からの呼び出しがあった等、社会人実習生にとっては日常生活のなかでの実習にほかならない。しかし、職場の理解や協力に比べ、家族の理解や協力は通信生になる時にはすでに得ていることも多いようで、実習のために家族関係が悪化するような報告は受けていない。ただ、報告されないだけかもしれないが、家族の絆を深める、社会福祉の視点を強めるなど利点が多いように感じる。様々な社会人学生としての苦労については、第2章の実習生の文章から読み取っていただきたい。

このように通学生とは異なる特徴をもつ社会人実習生であるが、前述したように新カリキュラムによって通学生同様、実習期間中は毎週1回、実習指導教員より対面指導を受けることが義務付けられた。本学の通信教育部では実習先を実習指導教員が訪問する従来の「実習巡回指導日」に加え、毎週平日、1時間から2時間の「帰校日指導」を設定している。週末のみ休息をとれる実習生にとって（週末も実習日に充てる場合もあるが）、平日の帰校日指導はそれまでの実習の振り返りと、今後の実習への取り組みを再考する貴重な時間であり、教員や他の実習生との情報交換の場としても有効である。しかし、帰校日が時間的、経済的負担になっている実習生の姿もある。実習先が遠方であっても、神戸まで指導を受けに毎週帰校しなければならない。帰校日指導は実習実施日としてカウントされないため、必然的に実習期間は旧カリキュラムよりも延びることとなる。そのため、職場や家族の理解を得る期間も増える。毎回の帰校日に要する交通費も自費であり、時間と費用の負担、体調管理等に影響を及ぼす実習生がいることも伝えておく。だが、筆者が行った帰校日指導に関するアンケートでは、ほとんどの学生が帰校日指導の効果を実感しており、帰校日指導がなかったら今回のような実習の成果を得ることはできなかったであろうと記している。社会福祉士受験資格を得るための必修科目であることや、医療や介護等の実習に比べ実習期間が短いとの指摘があるなか、社会人実習生の実態を伝えながら、本実習がますます充実し、求められる実践力のある社会福祉士養成教育に携わっていきたいと思っている。

3　卒業後の社会人実習生

こうして実り多い相談援助実習を終え、社会福祉士受験資格を取得し、社会福祉士国家試験に一度で合格、あるいは何度かのチャレンジで合格し、社会福祉士に限らずその他の専門職で活躍している社会人実習生の卒業生は今も輝き続けているであろう。

今回の原稿を依頼するにあたり、久しぶりにお会いできた卒業生、電話連絡でお声を聴くことができた卒業生、メールで近況を報告し合えた卒業生、それ以外にも社会福祉の現場で専門職として再会できた卒業生、街でばったり再会を果たせた卒業生等、嬉しい出会いは続いている。卒業後、筆者の研究室を訪ねてくれたり、親睦会を催してくれたりして、何人かの卒業生との交流も続いている。ここでは、今もなお輝く数人の卒業生を紹介してみたい。

兵庫県社会福祉士会で筆者が９年前から取り組んでいる実習教育支援委員会に昨年から委員として所属するようになったAさんは、実は筆者が実習指導教員として担当した社会人実習生であることを、委員の誰もが知らなかった。Aさんは社会福祉分野になじみが浅く、実習前からかなり不安を抱えながら実習に臨んだ。実習中も緊張しながらの取り組みが多く、記録についても毎回の帰校日で指導を加えていた。ところが、実習終了後には社会福祉へのさらなる学びを深めたいと大学院進学も視野に入れるようになった。通信教育部卒業と同時に社会福祉士と精神保健福祉士の二つの国家資格を取得し、職場を相談援助の現場とし、今では社会福祉士として職場だけでなく、社会福祉士会の活動にも積極的に取り組んでいる。近々、実習指導者として活躍する予定であり、筆者にとって社会福祉士養成教育、後継者育成の嬉しい成果である。

Bさんは長年、民生委員として活躍しているが、社会福祉士に魅力を感じ、再び学びを始めるため通信教育部に入学した。実習直前に、家族状況の変化により実習先や実習期間を変更することも考えざる得ない状況に追い込まれたが、Bさんの努力と調整の結果、実習に取り組むことができた。民生委員としての視点は、学習や実習にも活かされたが、記録に関しては苦労した。そのため、文章力をつける指導を重点的に行った。卒業後、研究室への訪問もあり、社会福祉士国家試験に合格した時にはすぐに連絡も受けた。兵庫県社会福祉士会の広報誌にBさんが投稿依頼された研修の記事が掲載されたり、現在はスクールソーシャルワーカーの学びにも挑戦している。

Cさんは介護の仕事に就いていたが、職場での社会福祉士の必要性を痛感し、自分自身で社会福祉士の勉強を始めた。職場を実習先に選択するかどうかを悩み、毎回の帰校日には実習中の悩みや不安等に指導を加えることが多かった。社会福祉の現場を熟知していても、実習生としての不安を抱えながらの実習であったが、見事、社会福祉士の資格を取得し、ケアマネージャーとして活躍の場を広げている。

Dさんは実習時の職場の調整が困難で、実習中も実習時間が終了してから仕事に戻ることもあったという。家族の協力を得ていたとはいえ、身体的にも精神的にも負担が重なることは予期できることであったが、どうしても社会福祉士を取得したいと実習を続けた。社会福祉士の資格取得後、職場を変え、社会福祉士の専門性を活かした相談援助にやりがいのある毎日を送っていると報告を受けた。

Eさんは大学から遠方の実習生であった。筆者が実習巡回指導で実習先を訪問する際も、時間を要する場所であったが、そこから毎週、帰校日には神戸まで指導を受けにやってきた。もちろん、長時間の移動に疲れはあるものの、せっかく神戸まで来るのだからと、毎回何か楽しみを計画しながらやってくるEさんに、積極的な学び方と楽しい学び方の視野を広めてもらったような気がする。

「学びたいときが学ぶとき」と実習生を励ましていた筆者だが、逆に、実習生から学ぶことも多かった。

Ｆさんも遠方からの通信生であった。そのうえＦさんが選んだ実習先は、Ｆさんの地元ではなく、神戸からもさらに遠い実習先であった。どうしてもその有名な施設で学生として最後の実習を行いたいと、通信生が自分自身で実習先を開拓したのである。当然、通える距離ではないので、実習先の近くに宿泊し、週末に自宅に帰るという生活を１か月以上送った。帰校日には格安航空券を駆使し、ハードな日帰りスケジュールをこなした。実習での学びも大きく、実習後すぐにそれまでの職場を退職し、実習と社会福祉士を活かした専門職として特定非営利活動を立ち上げ、新しいステージで頑張っている。

Ｇさんは社会福祉の現場ですでに活躍していたが、もっと社会福祉について学び今の職業に活かそうと通信生となった。同じ法人の施設で実習を行ったが、勤務先ではなかったので、職場に対する視野も広まったと喜んでいる。そして、卒業と同時に取得した社会福祉士の資格を活かし、その後Ｇさんの施設が実習先となってからは、後輩である本学の実習生に対して親身な指導を続けてくれる先輩である。実習巡回指導でＧさんにお会いできるのを筆者は楽しみにしている。

ＨさんやＩさんは、実習がきっかけで、実習先が勤務先となった卒業生である。逆に、実習や社会福祉士資格を職場で大いに役立てているＪさんやＫさんのような卒業生も多い。介護職から相談業務に代わった卒業生もいれば、社会福祉士としての学びと共に他の分野、例えば医療の分野で活躍する卒業生もいる。だが、どの卒業生とも、在学当時は教員と学生という関係であった私たちが、今や専門職同士の社会人という関係であることに驚きとともに、大きな喜びを覚えるのである。本章ではわずかな卒業生だけの紹介にとどまったが、筆者が指導した多くの卒業生がどんどん後に続いており、筆者を含め先輩たちを追い越しているような思いを日々抱いている。そして、これからも卒業生として輩出できる関係の実習生とも多く出会っていきたいと思っている。

おわりに

本企画に賛同していただいた皆様のおかげで、ここに本書の出版が実現致しましたこと、心より御礼申し上げます。

本書の完成までには、もちろん大変なこともありましたが、それ以上に、楽しく取り組むことができました。これまでの教員生活のなかでも、とても素敵な時間であったことに大きな喜びを感じています。この喜びが社会人学生の皆さん、また社会福祉の現場で活躍している皆さんと共有できるならば、さらに喜びと嬉しさは広がっていくでしょう。

社会福祉士をはじめ、社会福祉専門職の魅力は本書だけでは到底語り尽くせるものではありませんが、本書をお読みいただいた後に、少しでも社会福祉の魅力をお伝えできていればと願っています。

本書に着手してからも、筆者の周りには社会福祉や社会福祉士について学ぼうと、熱心な学生が集っています。そのなかには、相談援助実習を終了した学生や、これから相談援助実習に取り組もうとしている学生もたくさんいます。実習先やボランティア活動先では、「こんなにも社会福祉に関心があり、社会福祉を学んでいる学生さんが大勢いることは驚きでもあり、嬉しいですね。」という声も聞かれました。社会福祉専門職の後継者として、期待できる後輩として、現役の社会福祉士をはじめ専門職の先輩はこうした学生をあたたかく、あるときは厳しく導いてきました。これからもよりよい関係性を築きながら、社会福祉の世界を切り開いていきます。社会人学生のなかには、相談援助実習指導者として、もうすでに後輩の指導を担当している方がいらっしゃいます。そうした頼もしい社会人学生が、本書の続編を引き継いでくれるかもしれません。

また、本書の表紙や挿絵を快くお引き受け下さったのは、兵庫県社会福祉士会の研修会で筆者の講義を受け、社会福祉士会でも活躍している現役の社会福祉士、土井貞美氏です。土井さんの数多い社会福祉士としての才能の一つを発揮していただき、本当にありがとうございました。

さらに、本書の発行にあたり、電気書院（久美株式会社）の大塚真須美氏の寛大なご配慮により本企画が実現したことに感謝申し上げます。ならびに神戸親和女子大学２０１７年度出版助成に対し、厚く御礼申し上げます。

２０１７年　５月
高橋　昌子

§ 編者紹介 §

高橋　昌子（たかはし　まさこ）

神戸親和女子大学教授．神戸市出身．

2003 年　淑徳大学大学院社会学研究科　社会福祉学専攻博士後期課程単位取得満期退学．

社会福祉学修士．社会福祉士．専門分野は高齢者福祉、相談援助、社会福祉士養成教育．

著書「わたしたちの福祉実習レポート」（共著)、「ソーシャルワーク実習　養成校と実習先との連携のために」（共著)、「相談援助実習－養成校と実習先との連携のために－」（共著）

社会人学生の本音

私たちの社会福祉士　相談援助実習

2017年11月10日　第1版第1刷発行

編　著　髙《たか》　橋《はし》　昌《まさ》　子《こ》
発行者　田　中　久　喜

発　行　所
株式会社　電　気　書　院
ホームページ　www.denkishoin.co.jp
(振替口座　00190-5-18837)
〒101-0051　東京都千代田区神田神保町1-3ミヤタビル2F
電話(03)5259-9160／FAX(03)5259-9162

印刷　創栄図書印刷株式会社
Printed in Japan／ISBN978-4-485-30403-7

- 落丁・乱丁の際は，送料弊社負担にてお取り替えいたします.
- 正誤のお問合せにつきましては，書名・版刷を明記の上，編集部宛に郵送・FAX（03-5259-9162）いただくか，当社ホームページの「お問い合わせ」をご利用ください．電話での質問はお受けできません．また，正誤以外の詳細な解説・受験指導は行っておりません.